Daten zur antiken Chronologie und Geschichte

Daten zur antiken Chronologie und Geschichte

Herausgegeben von
Marieluise Deißmann

Philipp Reclam jun. Stuttgart

Die Zusammenstellung der Tabellen basiert auf E. J. Bickerman, *Chronology of the Ancient World*, London: Thames and Hudson, 1968.

Universal-Bibliothek Nr. 8628 [3]

Gesamtherstellung: Reclam, Ditzingen. Printed in Germany 1990

ISBN 3-15-008628-0

Inhalt

III

Daten zur griechischen und römischen Geschichte

Einleitung

»Für die Forschung und für die Gesamtübersicht ist es natürlich von großem Wert, den ganzen Bereich unseres historischen Wissens in dasselbe chronologische Netz einzuzeichnen und nicht etwa die Geschichte jedes Volkes nach seiner zum Teil sehr unvollkommenen Zeitrechnung zu behandeln, wie teilweise in Übung ist.« Dieser Satz aus der *Historik* von J. G. Droysen macht die wissenschaftlich betriebene Chronologie zu einer Voraussetzung kritisch-historischer Forschung und weist gleichzeitig auf die Probleme hin, die vergangene ›unvollkommene‹ Zeitrechnungen bieten. Die im folgenden vorgelegten Listen und Tabellen, die sich in überarbeiteter Form an E. J. Bickermans Werk *Chronology of the Ancient World* (London 1968) anlehnen, repräsentieren einige Ergebnisse der Forschung zur antiken Zeitrechnung und geben gleichzeitig einen Eindruck von deren Vielfältigkeit. Dies gilt vor allem für den ersten und zweiten Teil, dessen Tabellen und Herrscherlisten (die gegenüber Bickerman um einige erweitert sind) dem Historiker allgemein, vor allem aber auch dem Numismatiker und Epigraphiker die Lösung von Datierungsproblemen erleichtern mögen. Die Tabellen zur griechischen und römischen Geschichte im dritten Teil sollen dagegen einen Eindruck davon geben, wie die moderne chronologische Forschung die wichtigsten Ereignisse der antiken Geschichte datiert.

Wenn Droysen die antike Zeitrechnung als unvollkommen bezeichnet und damit die Schwierigkeit anspricht, die überlieferten antiken Daten auf unsere modernen zu reduzieren, so stellt sich die Frage nach den Gründen für diese Unvollkommenheit. Vielleicht müssen wir mit einem von dem modernen unterschiedenen Zeitbewußtsein rechnen, wobei sich dies nicht nur auf Tag, Monat und Jahr, also auf den Kalender, sondern auch auf geschichtliche Abläufe bezieht. Daher soll einleitend ein kurzer Einblick in den antiken Umgang mit der Zeit in Praxis und Wissenschaft gegeben werden.

Der Kalender gründet auf der Erfahrung natürlicher Phänomene wie Winter / Sommer, Tag / Nacht, Sternauf- und -niedergängen, die zunächst punktuell, dann aber in Zeitabschnitten erlebt werden. Wenn diese als möglichst gleiche Einheiten in ein System gebracht werden, lassen sich die Naturereignisse vorausberechnen und die damit in Verbindung stehenden menschlichen Arbeiten planen. So entsteht zunächst der Kalender des Naturjahres, wie ihn Hesiod (um 700 v. Chr.) für die agrarische Gesellschaft beschreibt (*Werke und Tage* 383–387):

»Wenn das Gestirn der Plejaden, der Atlastöchter, emporsteigt,
Dann mit dem Ernten beginnen, mit Sän aber, wenn es hinabtaucht.
Vierzig Tage und Nächte hindurch war vorher dies Sternbild
Unsichtbar; dann scheint es im Lauf des kreisenden Jahres
Erstmals wiederum auf, zur Zeit, da die Sichel gewetzt wird.«

In den meisten antiken Kulturen wurde der Mondwechsel zu dem die Tageseinheiten übergreifenden Zeitabschnitt, da ab- und zunehmender Mond eine magisch-religiöse Bedeutung hatte.
Sobald Monatsnamen erscheinen, sind sie in Ägypten und Babylon nach jahreszeitlichen Ereignissen und damit in Verbindung stehenden kultischen Festen benannt, in Griechenland dagegen haben die Monatsnamen ausschließlich sakralen Charakter. Homer und Hesiod kannten diese Namen noch nicht, doch ist schon bei Homer Apoll mit dem Monatsbeginn verknüpft (*Odyssee* 20,156.278). Zwar ist in Griechenland der Kalender des Naturjahres mit seinen durch die Jahreszeit bestimmten kultischen Festen sehr alt, doch erst im 6. Jahrhundert liegt uns in Athen der erste Kalender vor, der die sakralen Mondmonate zu einer Jahreseinheit zusammenfaßt. Ein solches Mondjahr, das auch in den übrigen Kulturen des Altertums zu finden ist, hatte gegenüber dem Natur- bzw. Sonnenjahr ein Defizit an Tagen. Dieses Problem war zwar bekannt, wurde jedoch in den einzelnen Kulturen durch Einschaltung von Tagen oder Monaten höchst unterschiedlich geregelt. Der erste athenische Kalender schaltete in einem Achtjahreszyklus, der Oktaëteris, einen

dreizehnten Monat ein. Anders als z. B. in Babylon war dieser Kalender offenbar nicht allmählich entstanden, sondern stellt eine bewußte Neueinführung dar, die unter sakralem Einfluß zustande kam, jedoch letztlich auf die politische Entwicklung Athens zurückging: Nachdem es sich zu einer Polis zusammengeschlossen hatte, wurden die Kulte der einzelnen Geschlechter und Adelsverbände zu Staatskulten. Damit wurde es notwendig, von Staats wegen die religiösen Feste und damit auch den Festkalender zu regeln. Gleiches gilt für die übrigen griechischen Poleis. Der Schaltzyklus der Oktaëteris war allgemeingriechisch und stammt möglicherweise aus Delphi, das im 7./6. Jahrhundert als Heiligtum des Apoll hohe religiöse Autorität für ganz Griechenland besaß. Da der Kalender in der Folgezeit jedoch in die Verfügungsgewalt der einzelnen Poleis geriet und die Schaltung daher nur noch unregelmäßig stattfand, auch wenn, wie in Athen, Kalenderreformen durchgeführt wurden, gerieten die Kalender nicht nur in bezug auf das Sonnenjahr in Verwirrung, sie unterschieden sich auch in den einzelnen Poleis. Im 5. Jahrhundert spottet Aristophanes über den athenischen Kalender (*Wolken* 615–626):

»Dennoch habt auf ihre (Selenes) Tag'
Ihr nicht pünktlich acht und werft sie durcheinander kunterbunt.
Darum lesen ihr die Götter ein Kapitel jedesmal,
Wenn sie nach der alten Rechnung zählend kommen und kein Fest
Treffen, und um Schmaus und Opfer schnöd geprellt nach Hause gehen:
Denn am Tage, wo ihr opfern solltet, richtet, foltert ihr;
Wenn wir Götter aber einen Fasttag haben, etwa wenn
Wir um Memnon trauern oder um Sarpedon, opfert ihr
Wein und lacht und scherzt. – Drum haben wir auch dem Hyperbolos,
Der Amphiktyonenbote heuer war, vom Haupt den Kranz,
Wir die Göttinnen, gerissen: merken soll er sich's fortan,
Daß man ›seine Lebenstage nach dem Mondlauf ordnen‹ soll!«

Auch aus dieser Stelle geht noch einmal hervor, daß sich der sakrale Kalender, der in der Polis zum bürgerlichen Kalender wird, ursprünglich nach den Mondmonaten richtete; gleichzeitig zeugt dieser Text davon, daß Regelungen, die das Mondjahr dem Sonnenjahr anzugleichen versuchten, offenbar als säkularer Eingriff in sakrale Bereiche verstanden wurden und auf Widerstand stießen.

Neben diesem offiziellen Festkalender, der durch den zuständigen Archonten oder auf Beschluß der Volksversammlung geändert werden konnte, gab es im 5. Jahrhundert in Athen weiterhin den inoffiziellen Kalender des Naturjahres und zusätzlich den Prytanienkalender, der sich nach den Tagungsperioden der Prytanien richtete und das Verwaltungsjahr regelte.

Auch in den übrigen griechischen Städten geriet der Festkalender in die politische Verfügungsgewalt: Den Dorern war der Monat Karneios heilig, so daß sie in dieser Zeit keinen Krieg führen durften; Thukydides berichtet von der dorischen Stadt Argos (5,54,3): »Die Argeier [...] brachen am vierten Tag vor Beginn des Karneios auf, und indem sie das Datum dieses Tages die ganze Zeit über beibehielten, fielen sie in das Gebiet von Epidauros ein und verwüsteten es.«

Die enge Bindung des Kalenders an politische und religiöse Verhältnisse wird deutlich, wenn man die Kalender in den Großreichen Babylon und Ägypten, die unter einer einheitlichen religiösen und politischen Herrschaft standen, zum Vergleich heranzieht. Sie weisen eine zentral geregelte und kaum Änderungen unterworfene Form auf:

In Babylon wurden vom 7. Jahrhundert an unter den Chaldäern auf königliches, später auf priesterliches Dekret hin Monate eingeschaltet, vom 4. Jahrhundert an regelmäßig in einem Zyklus von neunzehn Jahren, wobei schon im 7. Jahrhundert wahrscheinlich die Ergebnisse der astronomischen Forschung bezüglich der Tageszahl eines Sonnenjahres berücksichtigt wurden. Nach Alexanders Eroberung kamen Griechen und Makedonen in Kontakt mit dem babylonischen Kalender, der für bürgerliche Zwecke besser geeignet war als die Kalendervielfalt der griechischen Städte und Makedoniens. Die Seleukiden glichen daher

Ende des 4. Jahrhunderts in ihrem Herrschaftsbereich den makedonischen dem babylonischen Kalender an.
In Ägypten richtete sich der Kalender zunächst offenbar auch an Naturereignissen aus, hier der lebenserhaltenden Nilüberschwemmung, doch wurde er seit dem 3. Jahrtausend ebenfalls vom Mondwechsel bestimmt, so daß das Jahr aus zwölf Monaten zu 30 Tagen und 5 zusätzlichen Tagen bestand, die als Geburtstage der fünf höchsten Götter gefeiert wurden. Dieser Kalender stand unter strenger priesterlicher Kontrolle und wurde nicht geschaltet. Infolge seines Defizits von einem Vierteltag gegenüber dem Sonnenjahr verschob er sich in einer Periode von 1460 Jahren, der sogenannten Sothisperiode, bis der Jahresbeginn am 1. Thoth wieder mit dem Anfang des Sonnenjahres zusammenfiel.
Anders als die übrigen Kalender, die mehr oder weniger regelmäßig das am Mondwechsel orientierte Jahr dem Sonnenjahr durch Schaltung anglichen und damit lunisolaren Charakter hatten, ist das schaltungslose ägyptische Wandeljahr auf Grund seiner Regelmäßigkeit ein unersetzliches Hilfsmittel für die Umrechnung antiker Daten in die moderne Zeitrechnung, zumal sich der von Caesar in Rom eingeführte, von Augustus reformierte Julianische Kalender, der – und auch hier wird wieder die Abhängigkeit des Kalenders von den politischen Verhältnissen deutlich – unter der römischen Herrschaft über das Mittelmeergebiet offizieller Kalender wurde, den ägyptischen Kalender zum Vorbild hatte.
Auch in Rom hatte sich der Kalender vor Caesar am Mondwechsel orientiert und war infolge unregelmäßiger Schaltung in Unordnung geraten. Die römischen Monatsnamen, die auch erhalten blieben, als der Julianische Kalender im 16. Jahrhundert durch Papst Gregor reformiert wurde, weisen teilweise noch auf ihren religiösen Ursprung hin, wie etwa »Januar« und »März«. Daß der Kalender stets religiösen Charakter behielt, zeigt auch die Tatsache, daß im Rahmen der göttlichen Verehrung, die die hellenistischen Herrscher und in ihrer Nachfolge die römischen Kaiser genossen, Monate nach ihnen umbenannt wurden. Im Rahmen der Kritik an Commodus, der sich als Gott verehren

ließ, berichtet Cassius Dio (72,15,3): »Und endlich wurden alle zwölf Monate nach ihm benannt und in folgender Ordnung aufgezählt: Amazonius, Invictus, Felix, Pius, Lucius, Aelius, Aurelius, Commodus, Augustus, Herculeus, Romanus, Exsuperatorius.« Monatsnamen wurden nur da aufgegeben, wo die politische Organisation es notwenig machte, wie etwa bei den griechischen Städtebünden im 2. Jahrhundert v. Chr., die auf Bundesebene die Monate durchnumerierten.

Solange der Kalender in einem Gemeinwesen die an ihn gestellten Anforderungen erfüllte, konnte er, gemessen an den Ergebnissen der astronomischen Forschung, auch unvollkommen in Gültigkeit bleiben. Zwar ist in Babylon seit dem 8. Jahrhundert v. Chr. der Einfluß der astronomischen Wissenschaft auf den Kalender offenbar, doch ist auch er religiös bedingt, da die babylonischen Götter eng mit dem Sternensystem verknüpft waren und sich ihr Walten in seiner Gesetzmäßigkeit am Lauf der Gestirne ablesen ließ. Dagegen wurde z. B. der bürgerliche Kalender Athens von den Ergebnissen der astronomischen Kalenderforschung wenig oder gar nicht beeinflußt: Zwar hatte Meton 432 v. Chr. einen Schaltzyklus von 19 Jahren entwickelt, der auf seinen astronomischen Forschungen basierte und das athenische Kalenderjahr mit dem Sonnenjahr in Übereinstimmung bringen sollte, doch erntete seine Tätigkeit beim Volke Spott (Aristophanes, *Vögel* 995 ff.). Da in Athen zur selben Zeit Philosophen, die sich mit Astronomie beschäftigten, wegen Götterverachtung vor Gericht gezogen wurden, liegt die Annahme nahe, daß einer Übernahme astronomischer Ergebnisse auf die Organisation des Kalenders auch religiöse Bedenken entgegenstanden. Die astronomische Wissenschaft arbeitete jedoch weiter an einer Korrektur des Kalenders, so z. B. Eudoxos von Knidos und Kalippos von Kyzikos. In der Mitte des 2. Jahrhunders v. Chr. gelang es Hipparchos von Nikaia, einen Zyklus von viermal 19 Jahren, wie ihn ähnlich Kalipp gehabt hatte, zu entwickeln und damit aus moderner Sicht eine fast exakte Jahreslänge zu erreichen. Er stellte eine Mond- und Sonnentheorie auf, die sich auf eigene Beobachtung der Himmelserscheinungen gründete und Methoden der babylonischen Astronomie aufgriff, so daß ihm diese genaue Berechnung der Jahreslänge möglich wurde. Seine uns verlorengegangenen Forschungen haben sich in dem Werk des Klaudios Ptolemaios, der *Mathēmatikē syntaxis*, die im Mittelalter von arabischen Gelehrten den Titel *Almagest* erhielt, bewahrt. Das Werk entstand im 2. Jahrhundert n. Chr. und faßt die Ergebnisse der antiken Astronomie auf diesem Gebiet zusammen.

Wie Tab. I,2 zeigt, stammt das uns überlieferte Wissen von Mondfinsternissen vorwiegend aus astronomischen Quellen, da sie als allgemein und regelmäßig auftretende Himmelserscheinung galten, die als objektiver Faktor in die Berechnungen eingehen konnte. Die unregelmäßig und nur partiell auftretenden Sonnenfinsternisse waren dafür weniger geeignet; wie die Mondfinsternisse galten sie jedoch ebenfalls als Omina und erscheinen daher vor allem in der Gechichtsschreibung. Die Periode, in der sich Mondfinsternisse gleicher Art wiederholen, war den babylonischen Astronomen schon unter den Chaldäern bekannt (Sarisperiode). Ihren Erkenntnissen, auf die sich später die alexandrinischen Gelehrten bei der Aufstellung des Nabonassar-Kanons stützten, gingen Jahrhunderte methodisch betriebener Himmelsbeobachtung voraus, und nach ihren Berechnungen richtete sich auch der Schaltzyklus des bürgerlichen Jahres.

Umgekehrt setzten in Griechenland die Gelehrten den astronomischen in Beziehung zu dem bürgerlichen Kalender, und zwar mit dem Parapegma, dem sogenannten Steckkalender. Hier handelte es sich ursprünglich um Steintafeln, auf denen Sonnenstellung und Fixsternphasen eines Jahres inschriftlich festgehalten wurden. Neben diesen Eintragungen befanden sich Löcher, in die Täfelchen mit dem Monatsnamen und der Nummer des Tages des bürgerlichen Kalenders gesteckt wurden, so daß jederzeit festgestellt werden konnte, in welche Jahreszeit ein bestimmtes Datum des bürgerlichen Kalenders fiel. Daraus entwickelte sich eine ganze Wissenschaft, die Parapegmatik.

Wenn in der Praxis antiken Lebens der in unseren Augen recht unvollkommene Kalender seine Funktion voll erfüllte – die Schwierigkeit, die einzelnen Daten heute auf eine absolute Chronologie zu reduzieren, versteht sich von selbst –, so bleibt doch zu fragen, wie etwa die Geschichtsschreibung, von der wir heute exakte chronologische Angaben erwarten, mit dem Problem der Chronologie verfuhr. Als Herodot im 5. Jahrhundert die griechische Geschichtsschreibung begründete, überwand er damit nicht nur den auf einzelne Poleis beschränkten Blick, indem er nach der Erfahrung der Perserkriege die Griechen als Einheit begriff und sein Interesse auf ihre Vergangenheit richtete, er wollte gleichzeitig auch Kultur und Vergangenheit der Völker, mit denen die Griechen Krieg geführt hatten, beschreiben, »damit nicht, was durch Menschen geschah, durch die Zeit verblasse, noch die großen und staunenswerten Taten, die von Hellenen und Barbaren vollbracht wurden, ihr Weiterleben im Ruhme verlören, sowohl in den sonstigen Hinsichten wie aus welchen Ursachen sie miteinander Krieg führten« (1,1). Hier werden zwei wesentliche Merkmale der antiken Geschichtsschreibung angesprochen, die sie von Herodot an prägen: Vergangenes interessiert nicht pauschal als solches, sondern der Geschichtsschreiber trifft daraus eine Auswahl des Erinnerungswürdigen.

Die Auswahl erfolgt nach Kriterien, die der jeweilige Autor selbst von seiner Fragestellung her bestimmt. Damit ist die Frage einer lückenlosen Chronologie zunächst sekundär, obwohl Herodot und nach ihm alle Verfasser von Universalgeschichte wie z. B. Ephoros und Diodor zunächst vor der Aufgabe standen, ein chronologisches Gerüst zu konstruieren, um einen kausalen Zusammenhang zwischen langen und vielfältig verzweigten Reihen von Ereignissen herstellen zu können. Zur Zeit Herodots lagen zwar in den orientalischen Großreichen Königslisten und die jährlichen Aufzeichnungen der Priester vor, doch übernahm Herodot nur das, was er selbst sah und sich berichten ließ, um sich dann ein Urteil darüber zu bilden. In Griechenland konnte er sich nur auf vereinzelte Daten stützen, so daß er hier für geschichtliche Intervalle ein System der Zeitmessung finden mußte. Zusätzlich erhob sich bei seinem die ganze bekannte Welt umfassenden Material das Problem der Synchronisation bzw. einer universalen Datierung. Die Chronologie, die er seinem Werk zugrunde legte, war bewundernswert einfach und hält in ihrer Präzision noch moderner Kritik stand: Von den medisch-persischen Königslisten, d. h. Genealogien, ausgehend setzte er als Epochenjahr das Jahr der Schlacht bei Salamis an, von dem aus er Zeitintervalle, teilweise nach Generationen, berechnete. Seine historische Forschung, die sich auf mündliche Berichte stützte, d. h. Traditionen übernahm und sie allenfalls auf ihre Wahrscheinlichkeit hin prüfte, ohne archivalische oder antiquarische Studien zu betreiben, und ebenso das Prinzip, aus der Vergangenheit nur das Erinnerungswürdige zu berichten, prägen die antike Geschichtsschreibung der Folgezeit, doch wurde von Thukydides an Zeitgeschichte, die man selbst erlebt und sachverständig beurteilen konnte, aus diesem Grunde oft für die zuverlässigere Geschichtsschreibung gehalten: »Denn was davor war und noch früher, das war wegen der Länge der Zeit unmöglich genau zu erforschen« (Thukydides 1,1,3).

Die Historiker schrieben daher entweder Zeitgeschichte oder benutzten andere Autoren, die sie für zuverlässig hielten. Chronologische Studien gehörten nur am Rande in die Geschichtsschreibung, obwohl sie kurz nach Herodot einsetzten und der antiken Chronographie, die sich erst im Hellenismus entwikkelte, das Material lieferten. In diesen Bereich gehört etwa die Aufstellung der Liste der Olympiasieger durch Hippias 410 v. Chr. Im 2. Jahrhundert verspottet Polybios den Geschichtsschreiber Timaios, der Zeitangaben anderer nachprüfte und korrigierte (12,10,1–11,3): »Daß Timaios dies aber als seine eigentliche Leistung betrachtet, daß er damit die anderen Geschichtsschreiber auszustechen glaubt, überhaupt darauf sein Ansehen gründet: ich meine seinen Anspruch auf chronologische und urkundliche Genauigkeit und die besondere Sorgfalt in dieser Hinsicht, das wissen wir, denke ich, alle. [...] Er ist es ja auch, der die weit zurückreichenden synchronistischen Listen der Ephoren und Könige von Sparta, der Archonten von Athen, der Priesterinnen von Argos und der Sieger in den Olympischen Spielen aufgestellt und die Fehler der Städte in diesen Verzeichnissen angekreidet hat, wenn es sich dabei auch nur um eine Differenz von drei Monaten handelt. Derselbe Timaios ist es, der die beschrifteten Säulen in den hinteren Hallen der Tempel und die Proxenie-Inschriften an den Türpfosten entdeckt hat. Man kann daher nicht glauben, daß ihm solche Urkunden, falls sie vorhanden waren, entgangen wären, oder wenn er sie gefunden hätte, daß er es unterlassen hätte, sie zu erwähnen.«

Dieses für einen modernen Historiker vorbildliche Vorgehen hält Polybios für überflüssig, wirft Timaios dagegen vor (12,4c,5), »daß er die Aufgabe der Befragung von Gewährsmännern mit äußerster Nachlässigkeit behandelt hat, obwohl dies doch die wichtigste Pflicht des Historikers ist.« Zwar nimmt Polybios in gewisser Weise eine Sonderstellung ein, doch stimmt er in diesem Punkt nicht nur mit Herodot und Thukydides, sondern auch mit seinen hellenistischen Zeitgenossen überein. Sie rekonstruierten die Geschichte nicht aus nachprüfbaren Fakten, zu denen auch der Bereich der Chronologie gehörte – sie lag ihnen schon in der Tradition vor, über die allgemeiner Konsens bestand, so daß es ihnen in ihren Geschichtswerken vor allem auf die Kunst der Darstellung ankam, mit der sie dem Leser ein anschauliches und überzeugendes Bild der Ereignisse vermittelten. Zu diesem Zweck bedienten sie sich rhetorischer und dramatischer Mittel, denen die chronologische Genauigkeit zuweilen zum Opfer fiel, ohne daß dies den Anspruch auf Wahrheit ihrer Darstellung berührt hätte. Oberstes Ziel war es, dem Leser zu nützen bzw. ihn zu erbauen.

Die römische Geschichtsschreibung übernahm diese Kriterien. Auch sie thematisierte nur der Erinnerung Würdiges und versuchte, die Ursachen bedeutender historischer Prozesse aufzudecken, wobei dies auf dem Hintergrund einer bestimmten Weltsicht oft mit einem didaktischen Ziel verbunden war und vor allem stets künstlerischen Anspruch erhob. Daß auch hier chronologische und dokumentarische Genauigkeit nur sekundäre Bedeutung hatten, ergibt sich von selbst, erklärt aber auch, daß es für die moderne Forschung oft schwierig ist, Daten aus der antiken Geschichtsschreibung chronologisch exakt zu fixieren.

Erst der christlichen Geschichtsschreibung blieb es vorbehalten, Chronologie als wesentliches Element miteinzubeziehen, weil nun die Vergangenheit als Teil des Heilsplans Gottes aufgefaßt wurde, der sich in der Zeit verwirklichte. Als Orosius zu Beginn des 5. Jahrhunderts die erste christliche Weltgeschichte schrieb, stellte sie, durch seine Quellen bedingt, noch eine Verbindung

zwischen der vorangegangenen heidnischen Geschichtsschreibung – jetzt christlich interpretiert – und den chronographischen Forschungen dar, die seit dem 2. Jahrhundert n. Chr. auch von christlichen Autoren betrieben wurden. Orosius übernahm die von Varro im 1. Jahrhundert v. Chr. entwickelte Zeitrechnung *ab urbe condita*, wohl aus dem Grunde, weil er Rom als letztes und bedeutsamstes Stadium der Heilsgeschichte auffaßte, benutzte die Chronologie aber auch dazu, zahlensymbolische Vergleiche zwischen Rom und Babylon anzustellen, womit er den chronologischen Strukturen Beweischarakter in einem auf Gott bezogenen Geschichtsbild zuwies. Doch erst die eigentliche Kirchengeschichte, die mit Eusebius im 4. Jahrhundert beginnt, wies der Dokumentation und der exakten Chronologie eine wesentliche Aufgabe zu. Sie verfuhr dabei ähnlich wie die jüdische Geschichtsschreibung, die Josephus in seiner Schrift *Contra Apionem* der griechisch-römischen gegenüberstellt. Die christliche Kirchengeschichtsschreibung unterschied sich von der bisherigen Geschichtsschreibung durch ihre Adressaten, die rechtgläubigen Mitglieder der christlichen Gemeinschaft, und durch ihre Funktion, die apostolische Überlieferung als Glaubensinhalt zu tradieren. Anders als in der heidnischen Geschichtsschreibung, die die Tradition unbefragt als Geschichte begriff, wurde hier Geschichte aus den Quellen rekonstruiert.
Neben der Betonung des Alters der neuen Religion, die bis auf Abraham zurückgeführt wurde, ging es Eusebius vor allem darum, die Tradition des rechten Glaubens durch die christlichen Amtsträger in der Auseinandersetzung mit Verfolgern und Ketzern darzustellen. Um der Funktion der Kirchengeschichte, die Evangelien gewissermaßen als Supplement fortzusetzen, gerecht zu werden, zog Eusebius Originalquellen wie Briefe und Urkunden in wörtlichen Zitaten heran und verlieh der historischen Kontinuität und Reinheit der Lehre durch einen chronologisch möglichst genauen Kanon der Vermittler Beweiskraft. Für diese Art von Geschichtsschreibung war Chronologie ein wesentliches Element, das chronographische Studien erforderlich machte. Und wenn der heidnische Geschichtsschreiber Eunapius im 4. Jahrhundert seinen Vorgänger Dexippos kritisiert, so ist dar-

in wohl auch Kritik an der zeitgenössischen christlichen Geschichtsschreibung enthalten: »Ich habe auch jenes bedacht, daß, da das höchste Ziel und der Zweck der Geschichte darin bestehen, die Ereignisse möglichst ohne Leidenschaft und wahrheitsgemäß zu beschreiben, die genauen Zählungen der Zeitabstände, die sich automatisch wie ungerufene Zeugen eindrängen, dazu nichts nützen. Denn was tragen Zeitangaben zur Weisheit des Sokrates oder zur Gewalt des Themistokles bei? Waren sie nur im Sommer große Männer? [. . .] Welche Bedeutung für den Zweck der Geschichte hat es, zu wissen und zu lernen, daß die Griechen die Seeschlacht bei Salamis gewannen, als der Hundsstern aufging?« (F 1,35–50)

Die Geschichtsschreibung konnte zwar nicht ohne ein chronologisches Gerüst auskommen, doch da dies ein bloßes Hilfsmittel war, übernahmen die Autoren Datierungen unterschiedlichster Art, etwa nach eponymen (dem Jahr ihren Namen gebenden) Beamten, Jahreszeiten oder Sonnen- bzw. Mondfinsternissen. Bedeutende Ereignisse wurden als Fixpunkte angesetzt, um Zeitintervalle davor oder danach anzugeben. Die Chronologie zum Forschungsgegenstand zu machen mit dem Ziel, eine universale Datierung zu entwickeln, blieb einer eigenen Wissenschaft, der Chronographie, vorbehalten, die ebenso wie die antiquarische Forschung seit dem Hellenismus auf umfangreiches archivalisches Material zurückgreifen konnte bzw. dieses für die Vergangenheit zu rekonstruieren versuchte. Auch wenn Thukydides Ende des 5. Jahrhunderts grundsätzlich nach Sommer und Winter datiert und dies als das genaueste chronologische Vorgehen verteidigt – »Man muß dabei auf die Zeiten schauen und sich nicht verlassen aufs Nachzählen von Namen von Oberbeamten oder nach welcher Würde immer jedenorts das Vergangene bezeichnet wird« (5,20,2) –, so gab es doch auch schon zu seiner Zeit Chronographen, die Zeitintervalle zwischen Epochenereignissen berechneten und mit anderen synchronisierten, ohne daß uns das Material und ihre Vorgehensweise noch bekannt wären. Zu ihren Hilfsmitteln gehörten wahrscheinlich Genealogien, erhaltene Archonten-, Ephoren- und Priesterlisten, zu ihrer Methode unter anderem die Rechnung nach Generationen. Ihre

Berechnungen bewegten sich jedoch noch im Rahmen einer relativen Chronologie, ohne eine absolute Chronologie zu entwickeln.

Als die Mittelmeerwelt nach Alexander kulturell zu einer großen Einheit wurde, deren Zentren die Höfe der Diadochen bildeten, entwickelte sich dort, vor allem in Alexandria, eine Forschungstätigkeit, die durch Sammeln, Kodifizieren und Rekonstruieren geprägt war und auf chronographischem Gebiet die Ergebnisse der astronomischen Forschung miteinbezog. So entstand beispielsweise der *Nabonassar-Kanon* mit dem Epochenjahr 747 v. Chr. Im 3. Jahrhundert bezog Eratosthenes die Ergebnisse seiner Vorgänger in sein Werk *Chronographiai* ein, mit dem er die Grundlage für eine wissenschaftliche Chronographie legte. Er machte die *Olympiaden* zum maßgeblichen Zeitgerüst, nach denen vor ihm schon der Historiker Timaios datiert hatte, und schuf mit der fortlaufenden Numerierung der Olympiaden eine absolute Chronologie. Als Grenze zwischen mythischer und historischer Zeit übernahm Eratosthenes jedoch aus der Tradition die Zerstörung Trojas. Für das Zeitintervall bis zur ersten Olympiade 776 v. Chr. rechnete er aber nicht von diesem Jahr aus zurück, sondern stützte sich auf die Liste der spartanischen Könige, deren Regierungszeiten jetzt wohl zum erstenmal berechnet wurden. Nach ihm wurde in der Chronographie aber auch die Zerstörung Trojas als Epochenjahr für eine fortlaufende Jahreszählung benutzt. Das hellenistische Interesse an der chronologischen Rekonstruktion und Synchronisation der bekannten Geschichte beweist die populäre Universalchronik, die uns inschriftlich auf dem Marmor Parium erhalten ist (264/263 v. Chr.). Der Verfasser, offenbar kein professioneller Chronograph, unterteilte die griechische Geschichte unter Einschluß der mythischen Zeit in fünf Epochen, deren Intervalle er nach Jahren festlegte. Nach der Zerstörung Trojas ist sein nächstes Epochenjahr nicht die erste Olympiade, sondern das erste athenische Archontat 683/682 v. Chr. Anders als Eratosthenes blieb er noch der relativen Chronologie verhaftet, insofern er von seiner eigenen Gegenwart aus zurückrechnete. Sein Werk nimmt eine Mittelstellung zwischen Chronographie und Geschichtsschreibung ein, wie es in dieser Zeit auch die Werke des Berosos und Manetho darstellen, die für Antiochos I. Soter bzw. für Ptolemaios II. Philadelphos Königslisten Babylons bzw. Ägyptens mit kurzen historischen Notizen verfaßten.

Die Datierung nach Olympiaden wurde in römischer Zeit vor allem von Universalhistorikern übernommen, verdrängte jedoch nie die übrigen Datierungen, die teilweise hinzugefügt wurden. In Rom hatte im ersten Jahrhundert v. Chr. die antiquarische und chronographische Forschung eingesetzt, beispielsweise wurden jetzt die Konsullisten von Beginn der Republik an rekonstruiert. Bedeutendster Vertreter der römischen Chronographie ist Varro, ein Zeitgenosse Ciceros; er führte das Epochenjahr *ab urbe condita* ein (753 v. Chr.), für dessen Berechnung er offenbar auch die Ergebnisse der hellenistischen Astrologie heranzog. Das in der andersartigen Zielsetzung begründete Desinteresse der Geschichtsschreibung an der Chronographie beweist die Tatsache, daß die römischen Geschichtsschreiber ungeachtet der von Varro entwickelten Zeitrechnung weiter nach Konsuln oder Regierungsjahren der Kaiser datierten. Erst die christliche Geschichtsschreibung griff auf Varros Ergebnisse zurück; wie erwähnt datiert Orosius *ab urbe condita*. Auch wenn die nichtchristliche Geschichtsschreibung Varro unbeachtet ließ, wurde sein Werk doch in naturwissenschaftlichen, astrologischen und chronographischen Schriften häufig benutzt und ist uns so fragmentarisch erhalten geblieben, etwa bei Plinius d. Ä. und Censorinus, der 238 n. Chr. *De die natali* verfaßte. An diesem Jahr demonstriert Censorinus die Berechnungen Varros: »Wenn ich nicht irre, ist nach Varros Rechnung dieses Jahr, das Bezeichnung und Namen nach dem Konsulat des V. C. Pius und Pontianus hat, das 1014. Jahr nach der ersten Olympiade, freilich von den Sommertagen ausgehend, an denen die Olympiaden gefeiert wurden; das 991. aber nach der Gründung Roms, ausgehend von den Parilien, nach denen die römischen Jahre gezählt wurden; das 283. der julianischen Jahre, jedoch ausgehend von den Kalenden des Januar, mit denen Caesar das von ihm eingerichtete Jahr beginnen ließ; das 265. Jahr der nach Augustus benannten Jahre, ebenfalls vom 1. Januar ausgehend; [. . .] da einige unserer Autoren in ihren Schriften die Jahre nach den Ägyptern so zählen, daß sie sie Nabonassars Jahre nennen, weil sie im ersten Jahr seiner Herrschaft beginnen, so ist danach dieses Jahr das 986.; gleiches gilt für die Jahre Philipps, die vom Tode Alexanders des Großen ab gezählt werden und sich bis zu diesem Jahr auf 562 Jahre belaufen. Für diese Jahre wird jedoch als Anfang immer der erste Tag des Monats angesetzt, der bei den Ägyptern Thoth heißt« (21,6–9).

Seit dem 2. Jahrhundert n. Chr. gab es jedoch auch eine christliche Chronographie, die sich zum Ziel setzte, die chronologischen Daten der alt- und neutestamentlichen Heilsgeschichte mit den Daten der heidnischen Geschichte zu synchronisieren, um auch von der Chronographie her das Alter der neuen Religion beweisen zu können und um das Eintreffen biblischer Weissagungen zu verifizieren, indem man genaue chronologische Daten dafür angab. Chronographie wird damit wesentlich für die bewußte Einbeziehung biblischer und antiker Vergangenheit in die christliche Tradition, die zwar von einer kritischen Distanz zu den Inhalten der beiden anderen Traditionen geprägt ist, sie jedoch chronologisch aufeinander bezogen in sich aufnimmt. Unter diesem Aspekt schrieb Sextus Iulius Africanus um 200 n. Chr. die erste christliche Weltchronik (*Chronographiai*), nachdem vor ihm schon Clemens Alexandrinus in seinem Werk *Stromateis* (»Teppiche«) ausführlich auf die Chronologie eingegangen war, um das Alter der jüdisch-christlichen Geschichte hervorzuheben: »Zuvor aber müssen wir der rechten Sachfolge nach über die nach Moses anzustellenden Zeitberechnungen reden, wodurch unbestreitbar erwiesen wird, daß die Philosophie der Hebräer älter ist als alle Weisheit« (1,101,1). »Kadmos aber, der Sohn der Semele, kommt unter Lynkeus nach Theben und wird Erfinder der hellenischen Schrift. Triopas war ein Zeitgenosse der Isis in der siebenten Generation nach Inachos [...], Prometheus aber in der siebenten Generation nach Moses unter Triopas, so daß erhellt, daß Moses geblüht hat selbst vor der Menschenentstehung nach hellenischer Ansicht« (1,106,1–2). Vollendung und Zusammenfassung der christlichen chronographischen Forschung stellen die *Chronikoi Kanones* des Eusebius

dar, der hier einen historischen Überblick von den Chaldäern bis auf seine Zeit gab und als erster zusätzlich vergleichende Jahrestabellen von Abraham bis auf seine Zeit aufstellte. Sein Werk, das von Hieronymus bis zum Jahr 378 fortgeführt wurde, stellt, soweit es noch erhalten ist, für die moderne chronologische Forschung ein unschätzbares Hilfsmittel dar.
Im bürgerlichen Leben richtete sich die Jahresdatierung unabhängig von den Berechnungen der chronographischen Wissenschaft auch in hellenistischer Zeit weiter nach eponymen Beamten, Priestern oder aber Regierungsjahren der Herrscher. Eine bemerkenswerte Ausnahme bildet die fortlaufende Jahreszählung, die mit den Seleukiden in ihrem Herrschaftsbereich einsetzte, jedoch auf diesen beschränkt blieb. Die Seleukiden datierten die Jahre vom Regierungsantritt Seleukos' I. an fortlaufend (312/311 v. Chr.). Anders als die makedonischen Könige, die ihr eigenes Volk beherrschten, und anders als die Ptolemäer, die in Ägypten an die Stelle der Pharaonen traten, waren die Seleukiden Herrscher in einem Reich, das sie nach und nach erobert hatten und das aus sehr disparaten Teilen bestand, deren keiner ihre Hausmacht darstellte – vielmehr mußten sie ständig Abfallsbewegungen und Usurpationen befürchten. Um eine einheitliche Verwaltung zu ermöglichen, glichen sie den makedonischen Kalender dem babylonischen an, den sie vorfanden. Wichtiger erscheint jedoch, daß die Seleukiden den Kalender und die Zeitrechnung dazu benutzten, ihrer Dynastie eine religiöse Weihe und damit Absicherung zu verleihen. Im Festkalender schlug sich die Vergöttlichung des Herrschers nieder, und die gleiche Funktion hatte wohl auch die Maßnahme, das Jahr des endgültigen Sieges Seleukos' I., als Epochenjahr festzusetzen, von dem an die Jahre fortlaufend gezählt wurden, zumal Seleukos I. als Sohn Apolls galt. Mit jedem neuen Jahr wurde damit ein weiteres Mal die Errichtung der seleukidischen Herrschaft gefeiert. Wieweit hier Einflüsse der astronomischen Wissenschaft in Alexandria, die zur gleichen Zeit den Nabonassar-Kanon aufstellte, oder aber auch die Zeitrechnung der Juden, die zunächst in den seleukidischen Herrschaftsbereich gehörten, einwirkten, ist nicht auszumachen. Die religiöse Sanktionierung politischer Verhältnisse,

die diese Zeitrechnung bedeutete, zeigt sich auch in der Tatsache, daß die griechischen Städte, wenn ihnen unter den Seleukiden Autonomie gewährt wurde, oft mit diesem Jahr eine eigene Jahreszählung begannen, ebenso die Dynastien, die sich von den Seleukiden unabhängig machten, wie Pontos, Bithynien und das bosporanische Reich. Der Begriff der Ära, der für diese Art der Zeitrechnung von einem Epochenjahr an in der modernen Forschung gebraucht wird, erscheint in der Antike zum erstenmal am Ende des 4. Jahrhunderts n. Chr. auf einer spanischen Inschrift und bezeichnet dort eine Ära, die im Jahr 38 n. Chr. begann. Die ursprüngliche Bedeutung von *aera* war wohl ›Zahl‹. Unter die Ären zählen in der modernen Forschung auch die Olympiadenrechnung, die Rechnung Varros *ab urbe condita*, der Nabonassar-Kanon und die jüdisch-christlichen Weltären.
Nach der römischen Eroberung des seleukidischen Reiches wurden als Epochenjahre für neue Ären die Organisation als römische Provinz, die Eroberung durch Pompeius oder auch der Sieg des Augustus bei Actium angesetzt. Sie alle finden sich als Datierungen auf Münzen und Inschriften, wobei die Schwierigkeit für die moderne Chronographie darin besteht, jeweils das Epochenjahr zu identifizieren, das nur selten durch einen Zusatz angegeben wird. Als Beispiel möge hier die Zeitrechnung der Stadt Tripolis in Syrien dienen: Bis um 100 v. Chr. wurde datiert nach der seleukidischen Ära; nach der Autonomieerklärung der Stadt bis etwa 64 v. Chr. nach der eigenen städtischen Ära; nach der Einbeziehung in die römische Provinz Syrien nach der pompeianischen Ära; nach Eingliederung in den Herrschaftsbereich Kleopatras VII. nach der syrischen Ära dieser Königin; und nach der Schlacht bei Actium sowohl nach der actischen Ära wie wiederum nach der seleukidischen. Die politisch motivierte Mannigfaltigkeit der Jahresdatierung in den einzelnen Städten und Reichen des hellenistischen Ostens setzte sich unter den römischen Kaisern fort, zumal die römische Herrschaft dieser Frage offenbar gleichgültig gegenüberstand, so daß der lokalen Datierung gegebenenfalls die römische Datierung nach Konsuln oder Herrscherjahren hinzugesetzt wurde. Die übergreifende seleukidische Ära setzte sich jedoch in Syrien so weit durch, daß sie die Chri-

sten bis ins 20. Jahrhundert als sakrale Datierung bewahrten, ebenso wie die Kopten in Ägypten die dort von Diocletian 284 n. Chr. aus verwaltungstechnischen Gründen eingeführte Ära.
Wie oben ausgeführt, konnten in einer Welt, in der größere und kleinere Gemeinwesen trotz kultureller Einigung durch den Hellenismus und trotz der politischen Oberherrschaft Roms ihre lokale Administration und ihre Kulte weitgehend erhielten und in der die zwischenstaatliche Kommunikation im Vergleich zu heute sehr viel weniger eng war, unterschiedliche Kalender, Jahresanfänge und Jahreszählungen nebeneinander existieren. Als sich jedoch mit dem Christentum eine Religion über die Welt verbreitete, die zwar in den beiden Reichshälften unterschiedlich ausgeprägt war, doch über die bisherigen Grenzen hinweg ihre religiösen Feste an bestimmten, allgemein verbindlichen Terminen feierte, wurde ein umfassender Kalender notwendig. Die besondere Bedeutung, die der Zeit in der Geschichte der christlich-jüdischen Religion zukam, hatte schon zu der Entwicklung von Weltären geführt, die die Geschichte der Menschheit umfaßten. Die Diskussion um einen allen Christen gemeinsamen, jährlich zu bestimmenden Termin für das Osterfest führte nun dazu, daß die Kirche im Westen des Römischen Reiches 526 eine Ära nach Christi Geburt einführte, die die bisher benutzte diokletianische Ära ablöste. Zur Begründung für diese neue Ära, deren Epochenjahr auf das Jahr 754 nach der Gründung der Stadt Rom festgesetzt wurde, heißt es bei Dionysius Exiguus, der diese neue Zeitrechnung vorschlug (Migne, *Patrologia Latina* 67,487 A): »Wir wollten nicht unsere Zyklen mit dem Andenken dieses ruchlosen Verfolgers (Diocletian) verknüpfen, sondern haben es vorgezogen, von der Fleischwerdung unseres Herrn Jesus Christus an die Jahresläufe zu bezeichnen.«
Letztlich führten also auch hier religiöse Gründe zur Einführung einer Zeitrechnung, die noch heute die unsere ist. Die antike Geschichtsschreibung jedoch, die für die moderne historische Forschung die Hauptquelle bildet, verhielt sich zur Frage des von Droysen geforderten »chronologischen Netzes« indifferent, weil sie sich weder als Forschung in modernem Sinne verstand noch Geschichte als ein zeitliches Kontinuum begriff, sondern weit

eher an den Schicksalen der Völker und ihrer Geschichte wie an Menschenschicksalen interessiert war. Wenn die moderne Forschung es als unabdingbar betrachtet, das uns überlieferte historische Wissen in das System einer absoluten Chronologie einzuordnen, so hätte ein antiker Historiker den Ergebnissen der Geschichtswissenschaft, wie sie hier ansatzweise vorliegen, besonders aber auch der tabellarischen Übersicht historischer Ereignisse, vermutlich verständnislos, wenn nicht ablehnend gegenübergestanden.

Lit.: A. Momigliano: Time in Ancient Historiography. In: Quarto contributo alla storia degli studi classici e del mondo antico. Rom 1969. S. 13–41. – M. P. Nilsson: Die Entstehung und Bedeutung des griechischen Kalenders. Lund 1962. – A. E. Samuel: Greek and Roman Chronology. München 1972.

I

Astronomische Zeitrechnung und Kalender

1. Sonnenfinsternisse

nach der Erwähnung in den antiken Quellen

v. Chr.		
	754	Plutarch, *Romulus* 12
7. Juli	708	Cicero, *De re publica* 1,16,25; Dionysios von Halikarnassos, *Antiquitates Romanae* 2,56; Plutarch, *Romulus* 27
6. Apr.	648	Archilochos, Frg. 74 Bergk
28. Mai	585	Herodot 1,74; Plinius. *Naturalis historia* 2,53
19. Mai	557	Xenophon, *Anabasis* 3,4,8
2. Okt.	480	Herodot 9,10
17. Feb.	478	Herodot 7,37
30. Apr.	463	Pindar, *Hyporchemata* 6. Vgl. *Paeanes* 9,1–22 (F 52k Snell)
3. Aug.	431	Thukydides 2,28
21. März	424	Thukydides 4,52
3. Sept.	404	Xenophon, *Hellenika* 2,3,4; Seneca, *De beneficiis* 5,6
18. Jan.	402	Ebd.
21. Juni	400	Cicero, *De re publica* 1,25 (Ennius, *Annales* 4, Frg. 4 Vahlen)
14. Aug.	394	Xenophon, *Hellenika* 4,3,10; Plutarch, *Agesilaos* 17
12. Juni	392	Cicero, *De re publica* 1,25 (Ennius, *s.* 21. Juni 400)
13. Juli	364	Diodor 15,80; Plutarch, *Pelopidas* 31
12. Mai	361	Plutarch, *Dion* 19
15. Sept.	340	Livius 7,28,7 *(?)*
15. Aug.	310	Diodor 20,5,5; Justin 22,6,1; Frontin 1,12,9;

	v. Chr.	
		Hipparch bei Pappos, Komm. zu Ptolemaios, *Almagest* 1,65,5 (Agathokles-Finsternis)
11. Feb.	217	Livius 22,1,8
6. Mai	203	Livius 30,38,8
19. Okt.	202?	Zonaras 9,14
14. März	190	Livius 37,4,4
17. Juli	188	Livius 38,36,4
19. Juli	104	Iulius Obsequens 43
29. Juni	94	Vielleicht bei Iulius Obsequens 51 gemeint
7. März	51	Cassius Dio 41,14
19. Mai	36	*Chronikon Paschale*, Ol. 186,1
20. Aug.	31	Ebd., Ol. 187,2
	n. Chr.	
28. März	5	Cassius Dio 55,22,3
24. Nov.	29	Phlegon von Tralles (FGrHist II B 257 F 16)
1. Aug.	45	Cassius Dio 60,26,1
30. Apr.	59	Plinius, *Naturalis historia* 2,180. Tacitus, *Annales* 14,12; Cassius Dio 61,16,4
31. Mai	67	Vielleicht die bei Philostrat, *Vita Apollonii* 4,43, erwähnte Finsternis
20. März	71	Plutarch, *Über das Gesicht im Mond* 19. Plinius, *Naturalis historia* 2,57
28. Dez.	186	SHA Commodus 16,2
14. Aug.	212	Tertullian, *Ad Scapulam* 3
7. Okt.	218	Cassius Dio 78,30,1
5. Aug.	240	SHA Gordian III. 23,2
4. Mai	292	*Consularia Constantinopolitana* (ed. Th. Mommsen in MGH (AA) IX, 1892), allerdings zum Konsulat des Tiberianus und Dio 291
6. Juli	316	Aurelius Victor, *De Caesaribus* 41,5
6. Mai	319	*Consularia Constantinopolitana* allerdings zum Konsulat des Licinius und Crispus 318
6. Aug.	324	Erwähnt für das 20. Jahr des Licinius und Constantius 324/325 bei Georgios Hamartolos, *Chronikon* 4,180

n. Chr.		
17. Juli	334	Von Iulius Firmicus Maternus, *Mathēsis* 1,4,10 für das Konsulat des Optatus und Paulinus erwähnt

2. Mondfinsternisse

nach der Erwähnung in den antiken Quellen

v. Chr.		
19. März	721	Ptolemaios, *Mathēmatikē syntaxis* (*Almagest*) 4,5
8. März	720	Ebd.
1. Sept.	720	Ebd.
22. Apr.	621	Ebd. 5,14. Beobachtet im 5. Jahr des Nabopolassar
16. Juli	523	Ebd. Beobachtet im 7. Jahr des Kambyses
19. Nov.	502	Ebd. 4,8. Beobachtet im 20. Jahr Dareios' I.
25. Apr.	491	Ebd. Beobachtet im 31. Jahr Dareios' I.
9. Okt.	425	Aristophanes, *Wolken* 584
27. Aug.	413	Thukydides 7,50; Plutarch, *Nikias* 22
15. Apr.	406	Xenophon, *Hellenika* 1,6,1
23. Dez.	383	Ptolemaios, *Mathēmatikē syntaxis* 4,10. In der Nacht vom 26. auf den 27. Thoth im Monat Poseideon unter dem athenischen Archonten Phanostratos (Hipparch bei Ptolemaios)
18. Juni	382	Ebd. 4,10. In der Nacht vom 24. auf den 25. Phamenoth im Monat Skirophorion unter dem athenischen Archonten Phanostratos
12. Dez.	382	Ebd. 4,10. In der Nacht vom 16. auf den 17. Thoth im Monat Poseideon I (Schaltjahr) unter dem athenischen Archonten Euander
9. Aug.	357	Plutarch, *Dion* 24, *Nikias* 23; Quintilian, *Institutio oratoria* 1,10,48

	v. Chr.	
20. Sept.	331	Plutarch, *Alexander* 31; Arrian, *Anabasis* 3,7,6, 15,7; Curtius Rufus 4,10,1; Plinius, *Naturalis historia* 2,180. Ptolemaios, *Geographika* 1,4,2
20. März	219	Polybios 5,78,1
22. Sept.	201	Ptolemaios, *Mathēmatikē syntaxis* 4,10 (Hipparch)
19. März	200	Ebd.
12. Sept.	200	Ebd.
1. Mai	174	Ebd. 6,5. Am 27. Phamenoth im 7. Jahr des Philometor in Alexandria beobachtet
21. Juni	168	Polybios 29,6; Plutarch, *Aemilius Paullus* 17; Livius 44,37,5–9
27. Jan.	141	Ptolemaios, *Mathēmatikē syntaxis* 6,5
5. Nov.	129	
(2. Mai	128)	Diogenes Laertius 4,64 (Tod des Karneades)
3. Mai	63	Cicero, *De divinatione* 1,11,18
13. März	4	Iosephus Flavius, *Antiquitates* 17,167
	n. Chr.	
27. Sept.	14	Tacitus, *Annales* 1,28; Cassius Dio 57,4,4
3. Apr.	33	Kirchliches Datum für die Mondfinsternis am Tag der Kreuzigung Christi (14. Nisan 33)
1. Jan.	47	Aurelius Victor, *De Caesaribus* 4,14; Cassius Dio 60,29; Seneca, *Naturales quaestiones* 2,26,6
18. Okt.	69	Cassius Dio 65,11; Tacitus, *Historiae* 3,23
4. März	71	Plinius, *Naturalis historia* 2,57
5. Apr.	125	Ptolemaios, *Mathēmatikē syntaxis* 4,8
6. Mai	133	Ebd. 4,6
20. Okt.	134	Ebd.
6. März	136	Ebd.
31. Aug.	304	Zweifelhafte Mondfinsternis bei der Passion des heiligen Felix

3. Der astronomische Kanon

Der astronomische Kanon, der hier in Anlehnung an C. Wachsmuth, *Einleitung in das Studium der alten Geschichte* (Leipzig 1895), S. 305 f., wiedergegeben wird, wurde von alexandrinischen Gelehrten begonnen und in der Folgezeit bis zum Jahr 911 n. Chr., d. h. bis in die Regierungszeit Papst Leos VI. fortgesetzt. Die alexandrinischen Gelehrten benutzten den Kanon als Grundlage für ihre chronologischen Berechnungen. Sie konnten sich dabei auf die babylonischen Königslisten stützen und setzten mit dem König Nabonassar ein, möglicherweise, weil unter seiner Herrschaft die babylonischen Astronomen auf Grund jahrhundertelanger Himmelsbeobachtung den lunaren babylonischen Kalender durch systematische Interkalation (Schaltung) in Übereinstimmung mit dem Sonnenjahr hatten bringen können. Die Daten, die die alexandrinischen Gelehrten vorfanden, paßten sie dem ägyptischen Wandeljahr an, so daß sich die Regierungszeiten der Herrscher jeweils um einige Monate verschieben konnten. So starb z. B. Nabopolassar in seinem 21. Regierungsjahr am 8. Nabu = 15. August 605. Die Alexandriner setzten jedoch das Ende seiner Regierung auf das Ende des ägyptischen Jahres 605/604, d. h. auf den 20. Januar, und ließen die Regierungszeit seines Nachfolgers mit dem 1. Thoth des folgenden Jahres beginnen. Diese schematische Zählung, die sich den realen Daten nur annähert (Alexander der Große starb z. B. nicht 324, wie hier notiert, sondern erst 323), finden wir auch da, wo neben die Ära Nabonassars die makedonische bzw. später die römische Ära tritt. Erstere setzt nach Alexander d. Gr. mit Philipp Arrhidaios ein, letztere nach dem Tode Kleopatras VII. mit Augustus am 1. Thoth des Jahres 30 v. Chr.
Die folgende Wiedergabe des Kanons nennt neben den (im Genitiv stehenden) griechischen Namen der babylonischen, persischen, makedonischen und römischen Herrscher die nach den in der Ursprache vorliegenden Dokumenten verbesserten Namensformen, für die hellenistische und römische Zeit die heute geläufigen. Die griechischen Ziffern, denen hier jeweils die arabischen

hinzugefügt wurden, bezeichnen die Anzahl der Regierungsjahre und in fortlaufender Zählung die Jahre der Ära Nabonassars, daneben später jeweils die der makedonischen und römischen Ära.

Babylonierkönige

griechische Namensform	Anzahl der Regierungsjahre		Ära Nabonassars	
Ναβονασσάρου	ιδ	14	ιδ	14
Ναδίου	β	2	ις	16
Χινζῆρος καὶ Πώρου	ε	5	κα	21
Ἰλουλαίου	ε	5	κς	26
Μαρδοκεμπάδου	ιβ	12	λη	38
Ἀρκεανοῦ	ε	5	μγ	43
ἀβασίλευτα	β	2	με	45
Βιλίβου	γ	3	μη	48
Ἀπαραναδίου	ς	6	νδ	54
Ῥηγεβήλου	α	1	νε	55
Μεσησιμορδάκου	δ	4	νϑ	59
ἀβασίλευτα	η	8	ξζ	67
Ἀσαραδίνου	ιγ	13	π	80
Σαοσδουχίνου	κ	20	ρ	100
Κινηλαδάνου	κβ	22	ρκβ	122
Ναβοπολασσάρου	κα	21	ρμγ	143
Ναβοκολασσάρου	μγ	43	ρπς	186
Ἰλλοαρουδάμου	β	2	ρπη	188
Νηριγασολασσάρου	δ	4	ρϘβ	192
Ναβοναδίου	ιζ	17	σϑ	209

Der Kanon wird bis zu Antoninus Pius fortgeführt, um einen Eindruck von dem Übergang der hellenistischen Periode in die römische zu geben, so wie er sich in den Augen der Astronomen darstellte.

deutsche Namensform	christliche Zeitrechnung
Nabonassar	27. Feb. 747–22. Feb. 733
Nabunadinzri	23. Feb. 733–21. Feb. 731
Ukinzer und Pulu (= Tiglatpilesar III.)	22. Feb. 731–20. Feb. 726
Ululas (= Salmanassar V.)	21. Feb. 726–19. Feb. 721
Mardukapaliddin	20. Feb. 721–16. Feb. 709
Arkeanos (= Sargon II.)	17. Feb. 709–14. Feb. 704
»königlose Zeit« I	15. Feb. 704–14. Feb. 702
Belibni	15. Feb. 702–13. Feb. 699
Ashurnadinshumi	14. Feb. 699–12. Feb. 693
Nergalushezib	13. Feb. 693–11. Feb. 692
Mushezib Marduk	12. Feb. 692–10. Feb. 688
»königlose Zeit« II	11. Feb. 688– 8. Feb. 680
Esarhaddon	9. Feb. 680– 5. Feb. 667
Shamashshumkin	6. Feb. 667–31. Jan. 647
Kandalanu	1. Feb. 647–26. Jan. 625
Nabopolassar	27. Jan. 625–20. Jan. 604
Nebukadnezar II.	21. Jan. 604–10. Jan. 561
Evil-Merodach	11. Jan. 561– 9. Jan. 559
Neriglissar	10. Jan. 559– 8. Jan. 555
Nabonid	9. Jan. 555– 4. Jan. 538

Perserkönige

griechische Namensform	Anzahl der Regierungsjahre		Ära Nabonassars	
Κύρου	ϑ	9	σιη	218
Καμβύσου	η	8	σκς	226
Δαρείου πρώτου	λς	36	σξβ	262
Ξέρξου	κα	21	σπγ	283
Ἀρταξέρξου πρώτου	μα	41	τκδ	324
Δαρείου δευτέρου	ιϑ	19	τμγ	343
Ἀρταξέρξου δευτέρου	μς	46	τπδ	389
Ὦχου	κα	21	υι	410
Ἀρωγοῦ	β	2	υιβ	412
Δαρείου τρίτου	δ	4	υις	416
Ἀλεξάνδρου Μακεδόνος	η	8	υκδ	424

Makedonenkönige

griechische Namensform	Anzahl der Regierungsjahre		Ära Nabonassars	
Φιλίππου τοῦ μετ' Ἀλέξανδρον τὸν κτίστην	ζ	7	υλα	431
Ἀλεξάνδρου ἑτέρου	ιβ	12	υμγ	443
Πτολεμαίου Λάγου	κ	20	υξγ	453
Φιλαδέλφου	λη	38	φα	501
Εὐεργέτου	κε	25	φκς	526
Φιλοπάτορος	ιζ	17	φμγ	543
Ἐπιφάνους	κδ	24	φξζ	567
Φιλομήτορος	λε	35	χβ	602
Εὐεργέτου δευτέρου	κϑ	29	χλα	631
Σωτῆρος	λς	36	χξζ	667
Διονύσου νέου	κϑ	29	χϙς	696
Κλεοπάτρας	κβ	22	ψιη	718

römische Ära		deutsche Namensform	christliche Zeitrechnung
μγ	43	Augustus	31. Aug. 30 v. Chr. bis 19. Aug. 14 n. Chr.
ξε	65	Tiberius	20. Aug. 14–13. Aug. 36
ξϑ	69	Gaius	14. Aug. 36–12. Aug. 40
πγ	83	Claudius	13. Aug. 40–10. Aug. 54
ϙζ	97	Nero	11. Aug. 54– 5. Aug. 68
ρζ	107	Vespasian	6. Aug. 68– 3. Aug. 78
ρι	110	Titus	4. Aug. 78– 2. Aug. 81
ρκε	125	Domitian	3. Aug. 81–29. Juli 96
ρκς	126	Nerva	30. Juli 96–29. Juli 97
ρμε	145	Trajan	30. Juli 97–24. Juli 116
ρξς	166	Hadrian	25. Juli 116–19. Juli 137
ρπϑ	189	Antoninus Pius	20. Juli 137–13. Juli 160

Zählung sowie die jeweilige Lage des 1. Thoth des ägyptischen Wandeljahres.

v. Chr.	a. u. c.	Ol.	1. Thoth	v. Chr.	a. u. c.	Ol.	1. Thoth
760		5,1		752	2	7,1	
759		2		751	3	2	
758		3		750	4	3	
757		4		749	5	4	
756		6,1		748	6	8,1	
755		2					Feb.
754		3		747	7	2	26
753	1	4		746	8	3	26

v. Chr.	a. u. c.	Ol.	1. Thoth	v. Chr.	a. u. c.	Ol.	1. Thoth
			Feb.				Feb.
745	9	8,4	26	711	43	17,2	17
744	10	9,1	25	710	44	3	17
743	11	2	25	709	45	4	17
742	12	3	25	708	46	18,1	16
741	13	4	25	707	47	2	16
740	14	10,1	24	706	48	3	16
739	15	2	24	705	49	4	16
738	16	3	24	704	50	19,1	15
737	17	4	24	703	51	2	15
736	18	11,1	23	702	52	3	15
735	19	2	23	701	53	4	15
734	20	3	23	700	54	20,1	14
733	21	4	23	699	55	2	14
732	22	12,1	22	698	56	3	14
731	23	2	22	697	57	4	14
730	24	3	22	696	58	21,1	13
729	25	4	22	695	59	2	13
728	26	13,1	21	694	60	3	13
727	27	2	21	693	61	4	13
726	28	3	21	692	62	22,1	12
725	29	4	21	691	63	2	12
724	30	14,1	20	690	64	3	12
723	31	2	20	689	65	4	12
722	32	3	20	688	66	23,1	11
721	33	4	20	687	67	2	11
720	34	15,1	19	686	68	3	11
719	35	2	19	685	69	4	11
718	36	3	19	684	70	24,1	10
717	37	4	19	683	71	2	10
716	38	16,1	18	682	72	3	10
715	39	2	18	681	73	4	10
714	40	3	18	680	74	25,1	9
713	41	4	18	679	75	2	9
712	42	17,1	17	678	76	3	9

v. Chr.	a. u. c.	Ol.	1. Thoth	v. Chr.	a. u. c.	Ol.	1. Thoth
			Feb.				Jan.
677	77	25,4	9	644	110	34,1	31
676	78	26,1	8	643	111	2	31
675	79	2	8	642	112	3	31
674	80	3	8	641	113	4	31
673	81	4	8	640	114	35,1	30
672	82	27,1	7	639	115	2	30
671	83	2	7	638	116	3	30
670	84	3	7	637	117	4	30
669	85	4	7	636	118	36,1	29
668	86	28,1	6	635	119	2	29
667	87	2	6	634	120	3	29
666	88	3	6	633	121	4	29
665	89	4	6	632	122	37,1	28
664	90	29,1	5	631	123	2	28
663	91	2	5	630	124	3	28
662	92	3	5	629	125	4	28
661	93	4	5	628	126	38,1	27
660	94	30,1	4	627	127	2	27
659	95	2	4	626	128	3	27
658	96	3	4	625	129	4	27
657	97	4	4	624	130	39,1	26
656	98	31,1	3	623	131	2	26
655	99	2	3	622	132	3	26
654	100	3	3	621	133	4	26
653	101	4	3	620	134	40,1	25
652	102	32,1	2	619	135	2	25
651	103	2	2	618	136	3	25
650	104	3	2	617	137	4	25
649	105	4	2	616	138	41,1	24
648	106	33,1	1	615	139	2	24
647	107	2	1	614	140	3	24
646	108	3	1	613	141	4	24
645	109	4	1	612	142	42,1	23
				611	143	2	23

v. Chr.	a. u. c.	Ol.	1. Thoth	v. Chr.	a. u. c.	Ol.	1. Thoth
			Jan.				Jan.
610	144	42,3	23	576	178	51,1	14
609	145	4	23	575	179	2	14
608	146	43,1	22	574	180	3	14
607	147	2	22	573	181	4	14
606	148	3	22	572	182	52,1	13
605	149	4	22	571	183	2	13
604	150	44,1	21	570	184	3	13
603	151	2	21	569	185	4	13
602	152	3	21	568	186	53,1	12
601	153	4	21	567	187	2	12
600	154	45,1	20	566	188	3	12
599	155	2	20	565	189	4	12
598	156	3	20	564	190	54,1	11
597	157	4	20	563	191	2	11
596	158	46,1	19	562	192	3	11
595	159	2	19	561	193	4	11
594	160	3	19	560	194	55,1	10
593	161	4	19	559	195	2	10
592	162	47,1	18	558	196	3	10
591	163	2	18	557	197	4	10
590	164	3	18	556	198	56,1	9
589	165	4	18	555	199	2	9
588	166	48,1	17	554	200	3	9
587	167	2	17	553	201	4	9
586	168	3	17	552	202	57,1	8
585	169	4	17	551	203	2	8
584	170	49,1	16	550	204	3	8
583	171	2	16	549	205	4	8
582	172	3	16	548	206	58,1	7
581	173	4	16	547	207	2	7
580	174	50,1	15	546	208	3	7
579	175	2	15	545	209	4	7
578	176	3	15	544	210	59,1	6
577	177	4	15	543	211	2	6

v. Chr.	a. u. c.	Ol.	1. Thoth
			Jan.
542	212	59,3	6
541	213	4	6
540	214	60,1	5
539	215	2	5
538	216	3	5
537	217	4	5
536	218	61,1	4
535	219	2	4
534	220	3	4
533	221	4	4
532	222	62,1	3
531	223	2	3
530	224	3	3
529	225	4	3
528	226	63,1	2
527	227	2	2
526	228	3	2
525	229	4	2
524	230	64,1	1
523	231	2	1
522	232	3	1
			Dez.
521	233	4	31
520	234	65,1	31
519	235	2	31
518	236	3	31
517	237	4	30
516	238	66,1	30
515	239	2	30
514	240	3	30
513	241	4	29
512	242	67,1	29
511	243	2	29
510	244	3	29

v. Chr.	a. u. c.	Ol.	1. Thoth
			Dez.
509	245	67,4	28
508	246	68,1	28
507	247	2	28
506	248	3	28
505	249	4	27
504	250	69,1	27
503	251	2	27
502	252	3	27
501	253	4	26
500	254	70,1	26
499	255	2	26
498	256	3	26
497	257	4	25
496	258	71,1	25
495	259	2	25
494	260	3	25
493	261	4	24
492	262	72,1	24
491	263	2	24
490	264	3	24
489	265	4	23
488	266	73,1	23
487	267	2	23
486	268	3	23
485	269	4	22
484	270	74,1	22
483	271	2	22
482	272	3	22
481	273	4	21
480	274	75,1	21
479	275	2	21
478	276	3	21
477	277	4	20
476	278	76,1	20

v. Chr.	a. u. c.	Ol.	1. Thoth
			Dez.
475	279	76,2	20
474	280	3	20
473	281	4	19
472	282	77,1	19
471	283	2	19
470	284	3	19
469	285	4	18
468	286	78,1	18
467	287	2	18
466	288	3	18
465	289	4	17
464	290	79,1	17
463	291	2	17
462	292	3	17
461	293	4	16
460	294	80,1	16
459	295	2	16
458	296	3	16
457	297	4	15
456	298	81,1	15
455	299	2	15
454	300	3	15
453	301	4	14
452	302	82,1	14
451	303	2	14
450	304	3	14
449	305	4	13
448	306	83,1	13
447	307	2	13
446	308	3	13
445	309	4	12
444	310	84,1	12
443	311	2	12
442	312	3	12

v. Chr.	a. u. c.	Ol.	1. Thoth
			Dez.
441	313	84,4	11
440	314	85,1	11
439	315	2	11
438	316	3	11
437	317	4	10
436	318	86,1	10
435	319	2	10
434	320	3	10
433	321	4	9
432	322	87,1	9
431	323	2	9
430	324	3	9
429	325	4	8
428	326	88,1	8
427	327	2	8
426	328	3	8
425	329	4	7
424	330	89,1	7
423	331	2	7
422	332	3	7
421	333	4	6
420	334	90,1	6
419	335	2	6
418	336	3	6
417	337	4	5
416	338	91,1	5
415	339	2	5
414	340	3	5
413	341	4	4
412	342	92,1	4
411	343	2	4
410	344	3	4
409	345	4	3
408	346	93,1	3

v. Chr.	a. u. c.	Ol.	1. Thoth
			Dez.
407	347	93,2	3
406	348	3	3
405	349	4	2
404	350	94,1	2
403	351	2	2
402	352	3	2
401	353	4	1
400	354	95,1	1
399	355	2	1
398	356	3	1
			Nov.
397	357	4	30
396	358	96,1	30
395	359	2	30
394	360	3	30
393	361	4	29
392	362	97,1	29
391	363	2	29
390	364	3	29
389	365	4	28
388	366	98,1	28
387	367	2	28
386	368	3	28
385	369	4	27
384	370	99,1	27
383	371	2	27
382	372	3	27
381	373	4	26
380	374	100,1	26
379	375	2	26
378	376	3	26
377	377	4	25
376	378	101,1	25
375	379	2	25

v. Chr.	a. u. c.	Ol.	1. Thoth
			Nov.
374	380	101,3	25
373	381	4	24
372	382	102,1	24
371	383	2	24
370	384	3	24
369	385	4	23
368	386	103,1	23
367	387	2	23
366	388	3	23
365	389	4	22
364	390	104,1	22
363	391	2	22
362	392	3	22
361	393	4	21
360	394	105,1	21
359	395	2	21
358	396	3	21
357	397	4	20
356	398	106,1	20
355	399	2	20
354	400	3	20
353	401	4	19
352	402	107,1	19
351	403	2	19
350	404	3	19
349	405	4	18
348	406	108,1	18
347	407	2	18
346	408	3	18
345	409	4	17
344	410	109,1	17
343	411	2	17
342	412	3	17
341	413	4	16

v. Chr.	a. u. c.	Ol.	1. Thoth	v. Chr.	a. u. c.	Ol.	1. Thoth
			Nov.				Nov.
340	414	110,1	16	306	448	118,3	8
339	415	2	16	305	449	4	7
338	416	3	16	304	450	119,1	7
337	417	4	15	303	451	2	7
336	418	111,1	15	302	452	3	7
335	419	2	15	301	453	4	6
334	420	3	15	300	454	120,1	6
333	421	4	14	299	455	2	6
332	422	112,1	14	298	456	3	6
331	423	2	14	297	457	4	5
330	424	3	14	296	458	121,1	5
329	425	4	13	295	459	2	5
328	426	113,1	13	294	460	3	5
327	427	2	13	293	461	4	4
326	428	3	13	292	462	122,1	4
325	429	4	12	291	463	2	4
324	430	114,1	12	290	464	3	4
323	431	2	12	289	465	4	3
322	432	3	12	288	466	123,1	3
321	433	4	11	287	467	2	3
320	434	115,1	11	286	468	3	3
319	435	2	11	285	469	4	2
318	436	3	11	284	470	124,1	2
317	437	4	10	283	471	2	2
316	438	116,1	10	282	472	3	2
315	439	2	10	281	473	4	1
314	440	3	10	280	474	125,1	1
313	441	4	9	279	475	2	1
312	442	117,1	9	278	476	3	1
311	443	2	9				Okt.
310	444	3	9	277	477	4	31
309	445	4	8	276	478	126,1	31
308	446	118,1	8	275	479	2	31
307	447	2	8	274	480	3	31

v. Chr.	a. u. c.	Ol.	1. Thoth
			Okt.
273	481	126,4	30
272	482	127,1	30
271	483	2	30
270	484	3	30
269	485	4	29
268	486	128,1	29
267	487	2	29
266	488	3	29
265	489	4	28
264	490	129,1	28
263	491	2	28
262	492	3	28
261	493	4	27
260	494	130,1	27
259	495	2	27
258	496	3	27
257	497	4	26
256	498	131,1	26
255	499	2	26
254	500	3	26
253	501	4	25
252	502	132,1	25
251	503	2	25
250	504	3	25
249	505	4	24
248	506	133,1	24
247	507	2	24
246	508	3	24
245	509	4	23
244	510	134,1	23
243	511	2	23
242	512	3	23
241	513	4	22
240	514	135,1	22

v. Chr.	a. u. c.	Ol.	1. Thoth
			Okt.
239	515	135,2	22
238	516	3	22
237	517	4	21
236	518	136,1	21
235	519	2	21
234	520	3	21
233	521	4	20
232	522	137,1	20
231	523	2	20
230	524	3	20
229	525	4	19
228	526	138,1	19
227	527	2	19
226	528	3	19
225	529	4	18
224	530	139,1	18
223	531	2	18
222	532	3	18
221	533	4	17
220	534	140,1	17
219	535	2	17
218	536	3	17
217	537	4	16
216	538	141,1	16
215	539	2	16
214	540	3	16
213	541	4	15
212	542	142,1	15
211	543	2	15
210	544	3	15
209	545	4	14
208	546	143,1	14
207	547	2	14
206	548	3	14

v. Chr.	a. u. c.	Ol.	1. Thoth
			Okt.
205	549	143,4	13
204	550	144,1	13
203	551	2	13
202	552	3	13
201	553	4	12
200	554	145,1	12
199	555	2	12
198	556	3	12
197	557	4	11
196	558	146,1	11
195	559	2	11
194	560	3	11
193	561	4	10
192	562	147,1	10
191	563	2	10
190	564	3	10
189	565	4	9
188	566	148,1	9
187	567	2	9
186	568	3	9
185	569	4	8
184	570	149,1	8
183	571	2	8
182	572	3	8
181	573	4	7
180	574	150,1	7
179	575	2	7
178	576	3	7
177	577	4	6
176	578	151,1	6
175	579	2	6
174	580	3	6
173	581	4	5
172	582	152,1	5

v. Chr.	a. u. c.	Ol.	1. Thoth
			Okt.
171	583	152,2	5
170	584	3	5
169	585	4	4
168	586	153,1	4
167	587	2	4
166	588	3	4
165	589	4	3
164	590	154,1	3
163	591	2	3
162	592	3	3
161	593	4	2
160	594	155,1	2
159	595	2	2
158	596	3	2
157	597	4	1
156	598	156,1	1
155	599	2	1
154	600	3	1
			Sept.
153	601	4	30
152	602	157,1	30
151	603	2	30
150	604	3	30
149	605	4	29
148	606	158,1	29
147	607	2	29
146	608	3	29
145	609	4	28
144	610	159,1	28
143	611	2	28
142	612	3	28
141	613	4	27
140	614	160,1	27
139	615	2	27

v. Chr.	a. u. c.	Ol.	1. Thoth	v. Chr.	a. u. c.	Ol.	1. Thoth
			Sept.				Sept.
138	616	160,3	27	104	650	169,1	18
137	617	4	26	103	651	2	18
136	618	161,1	26	102	652	3	18
135	619	2	26	101	653	4	17
134	620	3	26	100	654	170,1	17
133	621	4	25	99	655	2	17
132	622	162,1	25	98	656	3	17
131	623	2	25	97	657	4	16
130	624	3	25	96	658	171,1	16
129	625	4	24	95	659	2	16
128	626	163,1	24	94	660	3	16
127	627	2	24	93	661	4	15
126	628	3	24	92	662	172,1	15
125	629	4	23	91	663	2	15
124	630	164,1	23	90	664	3	15
123	631	2	23	89	665	4	14
122	632	3	23	88	666	173,1	14
121	633	4	22	87	667	2	14
120	634	165,1	22	86	668	3	14
119	635	2	22	85	669	4	13
118	636	3	22	84	670	174,1	13
117	637	4	21	83	671	2	13
116	638	166,1	21	82	672	3	13
115	639	2	21	81	673	4	12
114	640	3	21	80	674	175,1	12
113	641	4	20	79	675	2	12
112	642	167,1	20	78	676	3	12
111	643	2	20	77	677	4	11
110	644	3	20	76	678	176,1	11
109	645	4	19	75	679	2	11
108	646	168,1	19	74	680	3	11
107	647	2	19	73	681	4	10
106	648	3	19	72	682	177,1	10
105	649	4	18	71	683	2	10

v. Chr.	a. u. c.	Ol.	1. Thoth
			Sept.
70	684	177,3	10
69	685	4	9
68	686	178,1	9
67	687	2	9
66	688	3	9
65	689	4	8
64	690	179,1	8
63	691	2	8
62	692	3	8
61	693	4	7
60	694	180,1	7
59	695	2	7
58	696	3	7
57	697	4	6
56	698	181,1	6
55	699	2	6
54	700	3	6
53	701	4	5
52	702	182,1	5
51	703	2	5
50	704	3	5
49	705	4	4
48	706	183,1	4
47	707	2	4
46	708	3	4
45	709	4	3
44	710	184,1	3
43	711	2	3
42	712	3	3
41	713	4	2
40	714	185,1	2
39	715	2	2
38	716	3	2
37	717	4	1

v. Chr.	a. u. c.	Ol.	1. Thoth
			Sept.
36	718	186,1	1
35	719	2	1
34	720	3	1
			Aug.
33	721	4	31
32	722	187,1	31
31	723	2	31
30	724	3	31
29	725	4	30
28	726	188,1	30
27	727	2	30
26	728	3	30
25	729	4	29
24	730	189,1	29
23	731	2	29
22	732	3	29
21	733	4	28
20	734	190,1	28
19	735	2	28
18	736	3	28
17	737	4	27
16	738	191,1	27
15	739	2	27
14	740	3	27
13	741	4	26
12	742	192,1	26
11	743	2	26
10	744	3	26
9	745	4	25
8	746	193,1	25
7	747	2	25
6	748	3	25
5	749	4	24
4	750	194,1	24

v. Chr.	a. u. c.	Ol.	1. Thoth	n. Chr.	a. u. c.	Ol.	1. Thoth
			Aug.				Aug.
3	751	194,2	24	31	784	202,3	16
2	752	3	24	32	785	4	15
1	753	4	23	33	786	203,1	15
n. Chr.				34	787	2	15
1	754	195,1	23	35	788	3	15
2	755	2	23	36	789	4	14
3	756	3	23	37	790	204,1	14
4	757	4	22	38	791	2	14
5	758	196,1	22	39	792	3	14
6	759	2	22	40	793	4	13
7	760	3	22	41	794	205,1	13
8	761	4	21	42	795	2	13
9	762	197,1	21	43	796	3	13
10	763	2	21	44	797	4	12
11	764	3	21	45	798	206,1	12
12	765	4	20	46	799	2	12
13	766	198,1	20	47	800	3	12
14	767	2	20	48	801	4	11
15	768	3	20	49	802	207,1	11
16	769	4	19	50	803	2	11
17	770	199,1	19	51	804	3	11
18	771	2	19	52	805	4	10
19	772	3	19	53	806	208,1	10
20	773	4	18	54	807	2	10
21	774	200,1	18	55	808	3	10
22	775	2	18	56	809	4	9
23	776	3	18	57	810	209,1	9
24	777	4	17	58	811	2	9
25	778	201,1	17	59	812	3	9
26	779	2	17	60	813	4	8
27	780	3	17	61	814	210,1	8
28	781	4	16	62	815	2	8
29	782	202,1	16	63	816	3	8
30	783	2	16	64	817	4	7

n. Chr.	a. u. c.	Ol.	1. Thoth	n. Chr.	a. u. c.	Ol.	1. Thoth
			Aug.				Juli
65	818	211,1	7	98	851	219,2	30
66	819	2	7	99	852	3	30
67	820	3	7	100	853	4	29
68	821	4	6	101	854	220,1	29
69	822	212,1	6	102	855	2	29
70	823	2	6	103	856	3	29
71	824	3	6	104	857	4	28
72	825	4	5	105	858	221,1	28
73	826	213,1	5	106	859	2	28
74	827	2	5	107	860	3	28
75	828	3	5	108	861	4	27
76	829	4	4	109	862	222,1	27
77	830	214,1	4	110	863	2	27
78	831	2	4	111	864	3	27
79	832	3	4	112	865	4	26
80	833	4	3	113	866	223,1	26
81	834	215,1	3	114	867	2	26
82	835	2	3	115	868	3	26
83	836	3	3	116	869	4	25
84	837	4	2	117	870	224,1	25
85	838	216,1	2	118	871	2	25
86	839	2	2	119	872	3	25
87	840	3	2	120	873	4	24
88	841	4	1	121	874	225,1	24
89	842	217,1	1	122	875	2	24
90	843	2	1	123	876	3	24
91	844	3	1	124	877	4	23
			Juli	125	878	226,1	23
92	845	4	31	126	879	2	23
93	846	218,1	31	127	880	3	23
94	847	2	31	128	881	4	22
95	848	3	31	129	882	227,1	22
96	849	4	30	130	883	2	22
97	850	219,1	30	131	884	3	22

n. Chr.	a. u. c.	Ol.	1. Thoth
			Juli
132	885	227,4	21
133	886	228,1	21
134	887	2	21
135	888	3	21
136	889	4	20
137	890	229,1	20
138	891	2	20
139	892	3	20
140	893	4	19
141	894	230,1	19
142	895	2	19
143	896	3	19
144	897	4	18
145	898	231,1	18
146	899	2	18
147	900	3	18
148	901	4	17
149	902	232,1	17
150	903	2	17
151	904	3	17
152	905	4	16
153	906	233,1	16
154	907	2	16
155	908	3	16
156	909	4	15
157	910	234,1	15
158	911	2	15
159	912	3	15
160	913	4	14
161	914	235,1	14
162	915	2	14
163	916	3	14
164	917	4	13
165	918	236,1	13

n. Chr.	a. u. c.	Ol.	1. Thoth
			Juli
166	919	236,2	13
167	920	3	13
168	921	4	12
169	922	237,1	12
170	923	2	12
171	924	3	12
172	925	4	11
173	926	238,1	11
174	927	2	11
175	928	3	11
176	929	4	10
177	930	239,1	10
178	931	2	10
179	932	3	10
180	933	4	9
181	934	240,1	9
182	935	2	9
183	936	3	9
184	937	4	8
185	938	241,1	8
186	939	2	8
187	940	3	8
188	941	4	7
189	942	212,1	7
190	943	2	7
191	944	3	7
192	945	4	6
193	946	243,1	6
194	947	2	6
195	948	3	6
196	949	4	5
197	950	244,1	5
198	951	2	5
199	952	3	5

n. Chr.	a. u. c.	Ol.	1. Thoth	n. Chr.	a. u. c.	Ol.	1. Thoth
			Juli				Juni
200	953	244,4	4	233	986	253,1	26
201	954	245,1	4	234	987	2	26
202	955	2	4	235	988	3	26
203	956	3	4	236	989	4	25
204	957	4	3	237	990	254,1	25
205	958	246,1	3	238	991	2	25
206	959	2	3	239	992	3	25
207	960	3	3	240	993	4	24
208	961	4	2	241	994	255,1	24
209	962	247,1	2	242	995	2	24
210	963	2	2	243	996	3	24
211	964	3	2	244	997	4	23
212	965	4	1	245	998	256,1	23
213	966	248,1	1	246	999	2	23
214	967	2	1	247	1000	3	23
215	968	3	1	248	1001	4	22
			Juni	249	1002	257,1	22
216	969	4	30	250	1003	2	22
217	970	249,1	30	251	1004	3	22
218	971	2	30	252	1005	4	21
219	972	3	30	253	1006	258,1	21
220	973	4	29	254	1007	2	21
221	974	250,1	29	255	1008	3	21
222	975	2	29	256	1009	4	20
223	976	3	29	257	1010	259,1	20
224	977	4	28	258	1011	2	20
225	978	251,1	28	259	1012	3	20
226	979	2	28	260	1013	4	19
227	980	3	28	261	1014	260,1	19
228	981	4	27	262	1015	2	19
229	982	252,1	27	263	1016	3	19
230	983	2	27	264	1017	4	18
231	984	3	27	265	1018	261,1	18
232	985	4	26	266	1019	2	18

n. Chr.	a. u. c.	Ol.	1. Thoth	n. Chr.	a. u. c.	Ol.	1. Thoth
			Juni				Juni
267	1020	261,3	18	284	1037	265,4	13
268	1021	4	17	285	1038	266,1	13
269	1022	262,1	17	286	1039	2	13
270	1023	2	17	287	1040	3	13
271	1024	3	17	288	1041	4	12
272	1025	4	16	289	1042	267,1	12
273	1026	263,1	16	290	1043	2	12
274	1027	2	16	291	1044	3	12
275	1028	3	16	292	1045	4	11
276	1029	4	15	293	1046	268,1	11
277	1030	264,1	15	294	1047	2	11
278	1031	2	15	295	1048	3	11
279	1032	3	15	296	1049	4	10
280	1033	4	14	297	1050	269,1	10
281	1034	265,1	14	298	1051	2	10
282	1035	2	14	299	1052	3	10
283	1036	3	14	300	1053	4	9

5. Der römische Julianische Kalender

Im Julianischen Kalender hatten die Monate die gleichen Namen, wie sie noch heute geläufig sind. Drei Haupttage gliederten den Monat in drei (ungleich lange) Teile: *Kalendae* hieß jeweils der erste Tag eines Monats, *Nonae* der 5. bzw. 7., *Idus* der 13. bzw. 15. Tag. Die übrigen Tage wurden nach ihrer Beziehung zu den Haupttagen benannt: eine Ordnungszahl und die Formel *ante diem* gaben an, wie weit sie noch von dem jeweils nächsten Haupttag (der dabei mitgezählt wurde) entfernt waren. Der einem Haupttag unmittelbar vorausgehende Tag wurde mit *pridie* bezeichnet. Beispiele: »ante diem quartum (a. d. IV) Nonas Augustas« (»am vierten Tag vor den Nonen des Augusts«): »am

Tag	Ianuarius	Februarius	Martius	Aprilis	Maius	Iunius
1	**Kal.**	**Kal.**	**Kal.**	**Kal.**	**Kal.**	**Kal.**
2	IV	IV	VI	IV	VI	IV
3	III	III	V	III	V	III
4	pr.	pr.	IV	pr.	IV	pr.
5	**Non.**	**Non.**	III	**Non.**	III	**Non.**
6	VIII	VIII	pr.	VIII	pr.	VIII
7	VII	VII	**Non.**	VII	**Non.**	VII
8	VI	VI	VIII	VI	VIII	VI
9	V	V	VII	V	VII	V
10	IV	IV	VI	IV	VI	IV
11	III	III	V	III	V	III
12	pr.	pr.	IV	pr.	IV	pr.
13	**Id.**	**Id.**	III	**Id.**	III	**Id.**
14	XIX	XVI	pr.	XVIII	pr.	XVIII
15	XVIII	XV	**Id.**	XVII	**Id.**	XVII
16	XVII	XIV	XVII	XVI	XVII	XVI
17	XVI	XIII	XVI	XV	XVI	XV
18	XV	XII	XV	XIV	XV	XIV
19	XIV	XI	XIV	XIII	XIV	XIII
20	XIII	X	XIII	XII	XIII	XII
21	XII	IX	XII	XI	XII	XI
22	XI	VIII	XI	X	XI	X
23	X	VII	X	IX	X	IX
24	IX	VI	IX	VIII	IX	VIII
25	VIII	V	VIII	VII	VIII	VII
26	VII	IV	VII	VI	VII	VI
27	VI	III	VI	V	VI	V
28	V	pr.	V	IV	V	IV
29	IV		IV	III	IV	III
30	III		III	pr.	III	pr.
31	pr.		pr.		pr.	

Iulius	Augustus	September	October	November	December
Kal.	**Kal.**	**Kal.**	**Kal.**	**Kal.**	**Kal.**
VI	IV	IV	VI	IV	IV
V	III	III	V	III	III
IV	pr.	pr.	IV	pr.	pr.
III	**Non.**	**Non.**	III	**Non.**	**Non.**
pr.	VIII	VIII	pr.	VIII	VIII
Non.	VII	VII	**Non.**	VII	VII
VIII	VI	VI	VIII	VI	VI
VII	V	V	VII	V	V
VI	IV	IV	VI	IV	IV
V	III	III	V	III	III
IV	pr.	pr.	IV	pr.	pr.
III	**Id.**	**Id.**	III	**Id.**	**Id.**
pr.	XIX	XVIII	pr.	XVIII	XIX
Id.	XVIII	XVII	**Id.**	XVII	XVIII
XVII	XVII	XVI	XVII	XVI	XVII
XVI	XVI	XV	XVI	XV	XVI
XV	XV	XIV	XV	XIV	XV
XIV	XIV	XIII	XIV	XIII	XIV
XIII	XIII	XII	XIII	XII	XIII
XII	XII	XI	XII	XI	XII
XI	XI	X	XI	X	XI
X	X	IX	X	IX	X
IX	IX	VIII	IX	VIII	IX
VIII	VIII	VII	VIII	VII	VIII
VII	VII	VI	VII	VI	VII
VI	VI	V	VI	V	VI
V	V	IV	V	IV	V
IV	IV	III	IV	III	IV
III	III	pr.	III	pr.	III
pr.	pr.		pr.		pr.

2. August«; »a. d. III Kalendas Februarias«: »am 30. Januar«; »pridie Idus Martias«: »am 14. März«.

In Schaltjahren bekam der 25. Februar dieselbe Ordnungszahl wie der 24. (mit dem Zusatz *bis*: »a. d. VI bis Kalendas Martias«), so daß sich die Bezeichnungen der folgenden Tage bis zum 29. (»pridie Kal. Mart.«) entsprechend ›verschoben‹.

Im *vor*julianischen Kalender hatten die Monate Martius, Maius, Quinctilis (julianisch: Iulius) und October je 31, der Februar 28, die Monate Ianuarius, Aprilis, Iunius, Sextilis (julianisch: Augustus), September, November und December je 29 Tage. Die Ermittlung eines Datums vor den Iden verläuft dabei wie beim Julianischen Kalender; bei einem Datum zwischen den Iden und den folgenden Kalenden zieht man die römische Zahl des Tages von der Anzahl der Monatstage ab und addiert 2 (Beispiel: »a. d. IX Kal. Nov.«: 31 – 9 = 22; 22 + 2 = 24 – »am 24. Oktober«).

Das Schaubild S. 54/55 verzeichnet die Ordnungszahlen ohne den Zusatz *a. d.*; *pr.* steht für *pridie*.

II

Herrscher- und Beamtenlisten

1. Die Könige von Sparta

Die Liste der spartanischen Könige und ihrer Regierungszeiten wurde möglicherweise erst im 3. Jahrhundert v. Chr. für die zurückliegende Zeit rekonstruiert. Vorher existierten wahrscheinlich nur Genealogien der Könige, die jetzt zu Herrscherlisten umgedeutet und als solche fortgesetzt wurden.

Agiaden	
Anaxandridas	550–?
Kleomenes I.	520–490
Leonidas I.	490–480
Pleistarchos	480–458
Pleistoanax	458–408
Pausanias	408–394
Agesipolis I.	394–380
Kleombrotos I.	380–371
Agesipolis II.	371–370
Kleomenes II.	370–309
Areus I.	309–265
Akrotatos	265–262
Areus II.	262–254
Leonidas II.	254–235
Kleombrotos III.	242–241
Kleomenes III.	235–219
Eukleidas	227–222
Agesipolis III.	219–184 (Todesjahr)

Vgl. M. Clauss: Sparta. Eine Einführung in seine Geschichte und Zivilisation. München 1983. S. 125 f.

Eurypontiden	
Ariston	550–?
Demaratos	?–491
Leutychidas	491–469
Archidamos II.	469–427
Agis II.	427–398
Agesilaos II.	398–361
Archidamos III.	361–338
Agis III.	338–330
Eudamidas I.	331–294
Archidamos IV.	294
Eudamidas II.	294–244
Agis IV.	244–241
Eudamidas III.	241–228?
Archidamos V.	228–227
Lykurgos	219–210
Pelops	211–207/200?
(unter Vormundschaft des Machanidas	211–207,
des Nabis	207–200)
Nabis	vor 195–192

2. Die noch bekannten eponymen spartanischen Ephoren

In Sparta wurde für die Benennung der Jahre offenbar nicht die Königsliste herangezogen, obwohl sie in der Chronographie für die Zeitrechnung nach Generationen eine große Rolle spielte, sondern die Liste der Ephoren. Dies läßt sich für das Ende des 5. Jahrhunderts v. Chr. und die Folgezeit eindeutig belegen. Die hier vorgelegte Liste wurde mit Hilfe von Inschriften, die nach eponymen Ephoren datieren, und nach historiographischen Zeugnissen – vor allem der Liste, die Xenophon in den *Hellenika* (2,3,10) überliefert – rekonstruiert. Eine Ergänzung für die Zeit vor Ende des 5. Jahrhunderts v. Chr. erweist sich als außerordentlich schwierig, weil die Quellen die Einführung des Ephorats unterschiedlich datieren.

Elatos	754/753	Zeuxippos	424/423
Asteros	?	Pityas	423/422
Chilon	556/555	Pleistolas	422/421
	oder 555/554	Kleinomachos	421/420
Autokrates	vor 433/432	Ilarchos	420/419
Daiochos	vor 433/432	Leon	419/418
Aristeus	vor 433/432	Chairilas	418/417
	oder danach	Patesiadas	417/416
Echemenes	404/403	Kleosthenes	416/415
Euippos	404/403	Lukarios	415/414
Ekprepes	zweite Hälfte	Eperatos	414/413
	des 5. Jh.s	Onomantios	413/412
Sthenelaidas	433/432	Alexippidas	412/411
Ainesias	432/431	Misgolaidas	411/410
Brasidas	431/430	Isias	410/409
Isanor	430/429	Arakos	409/408
Sostratidas	429/428	Euarchippos	408/407
Exarchos	428/427	Pantakles	407/406
Hagesistratos	427/426	Pityas	406/405
Angenidas	426/425	Archytas	405/404
Onomakles	425/424	Eudios	404/403

Thuionidas zwischen 403/402 und 400/399		Lakratidas	zwischen 393 und 361
		Eudamidas	4. Jh.
		Eumelidas	4. Jh.

Vgl. A. E. Samuel: Greek and Roman Chronology. München 1972. S. 240 f.

3. Die eponymen athenischen Archonten

Die früheste inschriftlich erhaltene Archontenliste wird auf die zwanziger Jahre des 5. Jahrhunderts v. Chr. datiert, und nichts weist darauf hin, daß sie eine Vorläuferin hatte. Sie geht mit ihren Namen bis in das letzte Viertel des 6. Jahrhunderts zurück und stellt vermutlich die erste offiziell publizierte Liste dar, die dadurch zustande kam, daß man Urkunden aus vergangener Zeit konsultierte, nach Archonten datierte und weiter kalkulierte, an welcher Stelle Archonten, deren man sich erinnerte, gestanden hatten. Schließlich brachte man wahrscheinlich Listen, die im Gedächtnis hafteten, mit der neuen Liste in Übereinstimmung. Ihre Erstellung beruhte also auf einer nicht dokumentierten Tradition und sollte wohl vor allem für die Zukunft die Datierung von Ereignissen erleichtern. Erst damals und in der Folgezeit entstanden auch die Siegerlisten für die Olympiaden und die Pythischen Spiele. Schon antike Historiker wie etwa Thukydides standen der Zuverlässigkeit derart aufgestellter Listen skeptisch gegenüber. Auch die moderne Forschung, die sie unter Heranziehung aller verfügbaren Quellen ergänzt und korrigiert hat, beurteilt sie kontrovers.

528	Philoneos	522	Peisistratos?
527	Onetorides	521–518	?
526	Hippias	518/517	Habron
525	Kleisthenes	517/516 bis	
524	Miltiades	512/511	?
523	Kalliades?	511/510	Harpaktides?

510/509	Skamander?	473	Menon
509/508	Lysagoras?	472	Chares
508/507	Isagoras	471	Praxiergos
507/506	Alkmaion	470	Demotion
506/505 bis		469	Apsephion
505/504	?	468	Theagenides
504/503	Akestorides	467	Lysistratos
503/502	Hermokreon	466	Lysanias
502/501 bis		465	Lysitheos
501/500	?	464	Archedemides
500/499	Smyros	463	Tlepolemos
499/498 bis		462	Konon
498/497	?	461	Euthippos
497	Archias	460	Phrasikleides
496	Hipparchos	459	Philokles
495	Philippos	458	Habron
494	Pythokritos	457	Mnesitheides
493	Themistokles	456	Kallias
492	Diognetos	455	Sosistratos
491	Hybrilides	454	Ariston
490	Phainippos	453	Lysikrates
489	Aristeides	452	Chairephanes
488	Anchises	451	Antidotos
487	Telesinos	450	Euthynos
486	?	449	Pedieus
485	Philokrates	448	Philiskos
484	Leostratos	447	Timarchides
483	Nikodemos	446	Kallimachos
482	?	445	Lysimachides
481	Hypsichides	444	Praxiteles
480	Kalliades	443	Lysanias
479	Xanthippos	442	Diphilos
478	Timosthenes	441	Timokles
477	Adeimantos	440	Morychides
476	Phaidon	439	Glaukinos
475	Dromokleides	438	Theodoros
474	Akestorides	437	Euthymenes

436 Lysimachos
435 Antiochides
434 Krates
433 Apseudes
432 Pythodoros
431 Euthydemos
430 Apollodoros
429 Epameinon
428 Diotimos
427 Eukles Molonos
426 Euthynos
425 Stratokles
424 Isarchos
423 Ameinias
422 Alkaios
421 Aristion
420 Astyphilos
419 Archias
418 Antiphon
417 Euphemos
416 Arimnestos
415 Charias
414 Teisandros
413 Kleokritos
412 Kallias
411 Mnesilochos und Theopompos
410 Glaukippos
409 Diokles
408 Euktemon
407 Antigenes
406 Kallias
405 Alexias
404 Pythodoros
403 Eukleides
402 Mikon
401 Xenainetos
400 Laches
399 Aristokrates
398 Euthykles
397 Suniades
396 Phormion
395 Diophantos
394 Eubulides
393 Demostratos
392 Philokles
391 Nikoteles
390 Demostratos
389 Antipatros
388 Pyrgion
387 Theodotos
386 Mystichides
385 Dexitheos
384 Diotrephes
383 Phanostratos
382 Euandros
381 Demophilos
380 Pytheas
379 Nikon
378 Nausinikos
377 Kalleas
376 Charisandros
375 Hippodamos
374 Sokratides
373 Asteios
372 Alkisthenes
371 Phrasikleides
370 Dysniketos
369 Lysistratos
368 Nausigenes
367 Polyzelos
366 Kephisodoros
365 Chion
364 Timokrates
363 Charikleides
362 Molon
361 Nikophemos
360 Kallimedes
359 Eucharistos
358 Kephisodotos
357 Agathokles
356 Elpines
355 Kallistratos
354 Diotimos
353 Thudemos
352 Aristodemos
351 Theelos
350 Apollodoros
349 Kallimachos
348 Theophilos
347 Themistokles
346 Archias
345 Eubulos
344 Lykiskos
343 Pythodotos
342 Sosigenes
341 Nikomachos
340 Theophrastos
339 Lysimachides

338 Chairondas
337 Phrynichos
336 Pythodelos
335 Euainetos
334 Ktesikles
333 Nikokrates
332 Niketes
331 Aristophanes
330 Aristophon
329 Kephisophon
328 Euthykritos
327 Hegemon
326 Chremes
325 Antikles
324 Hegesias
323 Kephisodoros
322 Philokles
321 Archippos
320 Neaichmos
319 Apollodoros
318 Archippos
317 Demogenes
316 Demokleides
315 Praxibulos
314 Nikodoros
313 Theophrastos
312 Polemon
311 Simonides
310 Hieromnemon
309 Demetrios von Phaleron
308 Charinos
307 Anaxikrates
306 Koroibos
305 Euxenippos
304 Pherekles
303 Leostratos
302 Nikokles
301 Klearchos
300 Hegemachos
299 Euktemon
298 Mnesidemos
297 Antiphates
296 Nikias
295 Nikostratos
294 Olympiodoros
293 Olympiodoros II.
292 Philippos

Vgl. A. E. Samuel: Greek and Roman Chronology. München 1972. S. 204–212.

4. Die medischen Könige

Deiokes	um 700–647	Kyaxares	um 625–585
Phraortes	um 647–625	Astyages	um 585–550

Eroberung durch Persien um 550

Vgl. J. M. Cook: The Persian Empire. New York 1983. S. 4.

5. Die lydischen Könige

Gyges	um 685–644	Alyattes	um 610–561
Ardys	um 644–615	Kroisos	um 561–547
Sadyattes	um 615–610		

Eroberung durch Persien	um 546

Vgl. J. M. Cook: The Persian Empire. New York 1983. S. 265.

6. Die babylonischen Könige

Die Daten richten sich nach den Angaben in den babylonischen Quellen und wurden in die christliche Zeitrechnung übersetzt.

10. Dynastie (Chaldäer)

Nabopolassar	626–605
Nebukadnezar II.	605–562
Amel-Marduk (Evil-Merodach)	562–560
Nergal-shar-Usur (Neriglissar)	560–556
Labash-Marduk (Merodach)	556
Nabonid	556–539

Eroberung durch Persien	539

Vgl. R. A. Parker / W. H. Dubberstein: Babylonian Chronology. Providence 1956. – D. J. Wiseman: Chronicles of the Chaldean Kings. London 1956. – J. M. Cook: The Persian Empire. New York 1983. S. 265. – G. Roux: La Mésopotamie. Paris 1985. S. 444.

7. Die Könige von Persien

Die Daten richten sich nach den Angaben in den persischen Quellen und wurden in die christliche Zeitrechnung übersetzt.

Achämeniden

Achämenes	?
Teispes	675–640
Kyros I.	640–600
Kambyses I.	600–559
Kyros II. (ab 539 König von Babylon)	559–529
Kambyses II.	528–523
Bardiya (Smerdis, Gaumata)	522
(Nebukadnezar III.*	522)
Dareios I.	522–521
(Nebukadnezar IV.*	521)
Dareios I.	521–485
Xerxes I.	485–465
Artaxerxes I.	465–424
Xerxes II.	424
Sogdianos	424–423
Dareios II. (Ochos)	423–405/404
Artaxerxes II. (Arsakes)	405/404–359/358
Artaxerxes III. (Ochos)	359/358–338/337
Artaxerxes IV. (Arses)	338–336
Dareios III. (Kodomannos)	336–331

* Nebukadnezar III. und IV. wurden als Thronprätendenten in Persien nicht anerkannt.

Vgl. R. A. Parker / W. H. Dubberstein: Babylonian Chronology. Providence 1956. – J. M. Cook: The Persian Empire. New York 1983. S. 266.

8. Die Könige in Ägypten (26.–31. Dynastie)

Die Daten sind – außer 664 und 333 – nur annähernd zu bestimmen.

26. Dynastie

Psammetich I.	664 –610
Necho II.	610 –595
Psammetich II.	595 –589
Apries	589 ?–570 ?
Amasis	570 –526
Psammetich III.	526 –525
Eroberung durch Persien	525
Ägypten wird persische Satrapie	404

27. Dynastie (Perserkönige)

Bardya	525–522
Nebukadnezar III.	522
Dareios I.	522–521
Nebukadnezar IV.	521
Dareios I.	521–485
Xerxes I.	485–465
Artaxerxes I.	465–423
Dareios II.	423 bis 405/404

28. Dynastie

Amyrtaios	404–399

29. Dynastie

Nepherites I.	399–393
Psammuthis	393
Hakoris	393–380
Nepherites II.	380

30. Dynastie

Nektanebos I.	380–363
Tachos	363–360
Nektanebos II.	360–343

31. Dynastie (Perserkönige)

Artaxerxes III. (Ochos)	343–338
Artaxerxes IV. (Arses)	338–336
Dareios III. (Kodomannos)	336–333

Vgl. A. Gardiner: Egypt of the Pharaohs. Oxford 1961. S. 451. – E. Drioton/J. Vandier: L'Egypte. Paris 1962. S. 680. – J. M. Cook: The Persian Empire. New York 1983. S. 265.

9. Die Ptolemäer in Ägypten

Beginn der Dynastie:	323*
Ptolemaios I. Soter	305–283
Ptolemaios II. Philadelphos	285–246
Ptolemaios III. Euergetes I.	246–221
Ptolemaios IV. Philopator	221–205
Ptolemaios V. Epiphanes	205–180
Ptolemaios VI. Philometor	180–145
Ptolemaios VI., Kleopatra II. und Ptolemaios VIII.	170–145
Ptolemaios VII. Neos Philopator	145–144
Ptolemaios VIII. Euergetes II. (Physkon)	145–116
Ptolemaios VIII., Kleopatra II. und Kleopatra III.	124–116
Kleopatra III. und Ptolemaios IX. Soter II. (Lathyros)	116–107
Ptolemaios X. Alexander I.	107–101
Kleopatra Berenike und Ptolemaios X. Alexander I.	101– 88
Ptolemaios IX. Soter II. (Lathyros) (zweite Herrschaft)	88– 80
Kleopatra Berenike III. und Ptolemaios XI. Alexander II.	80
Ptolemaios XII. Neos Dionysos (Auletes)	80– 58 (51)
Berenike IV.	58– 55
Kleopatra VII. Thea und Ptolemaios XIII. Philopator Philadelphos	51– 47
Kleopatra VII. Thea und Ptolemaios XIV. Philopator	47– 44
Kleopatra VII. Thea und Ptolemaios XV. (Kaisarion)	44– 31

* Ptolemaios I. zählte seine Regierungsjahre vom Tode Alexanders an (323 v. Chr.).

Vgl. P. W. Pestman: Chronologie égyptienne d'après les textes démotiques. Leiden 1967.

10. Die makedonischen Könige

Perdikkas I.	um 653
Argaios	um 623
Philippos I.	um 593
Aeropos I.	um 563
Alketas	um 533
Amyntas I.	um 503
Alexander I.	um 475–452
Perdikkas II.	452–413
Archelaos	413–400/399
Orestes	400/399–398/397
Aeropos II.	398/397–395/394
Amyntas II.	394/393
Pausanias	394/393
Amyntas III.	393–370/369
Alexander II.	370/369–368/367
Ptolemaios	368–365
Perdikkas III.	367–359
Philippos II.	359–336
Alexander III. der Große	336–323

Vgl. N. G. L. Hammond / G. T. Griffith: A History of Macedonia. Bd. 2. Oxford 1979.

11. Die Antigoniden in Makedonien

Antigonos I. Monophthalmos	306–301	Demetrios II.	239–229
Demetrios I. Poliorketes	306–283	Antigonos III. Doson	229–221
Antigonos II.		Philipp V.	221–179
Gonatas	283–239	Perseus	179–168

12. Die Seleukiden

Alexander III. der Große	336–323
Philipp Arrhidaios	323–316
Alexander IV.	316–312
Seleukos I. Nikator	312–280
Antiochos I. Soter	281–261
Antiochos II. Theos	261–246
Seleukos II. Kallinikos	246–226/225
Antiochos Hierax (Kleinasien)	246–228
Seleukos III. Soter	226–223
Antiochos III.	223–187
Seleukos IV. Philopator	187–175
Antiochos IV. Epiphanes	175–164 ?
Antiochos V. Eupator	164 ?–162
Demetrios I. Soter	162–150
Alexander Balas	150–145
Demetrios II. Nikator	145–139/138
Antiochos VI. Epiphanes	145–143/142
Tryphon	142–139
Antiochos VII. Euergetes (Sidetes)	139/138–129
Demetrios II. Nikator	129–125
Kleopatra III. Thea	126
Alexander II. Zabinas	125–123
Seleukos V.	125
Antiochos VIII. Grypos	125– 96
Antiochos IX. Kyzikenos	115– 95
Seleukos VI. Epiphanes Nikanor	96– 95
Demetrios III. Philopator	95– 88
Antiochos X. Eusebes Philopator	95– 83
Antiochos XI. Philadelphos	94
Philippos I. Philadelphos	94– 83
Antiochos XII. Dionysos	87– 84
(Tigranes von Armenien	83– 69)
Antiochos XIII. (Asiaticus)	69– 64
Philippos II.	65– 64

Vgl. A. R. Bellinger: The End of the Seleucids. New Haven 1949. – E. Bickerman: The Seleucid Period. In: Cambridge History of Iran. Bd. 3,1. Cambridge 1983. S. 18–20.

13. Die Könige in Thrakien

Odrysen

Teres	um 450–nach 440
Sitalkes	um 440–424
Seuthes I.	424–um 410
Amadokos I. (Medokos)	um 410–um 387
Hybrizelmis	um 383–360/359
Kersobleptes	360/359–um 342/341
Makedonische Eroberung Thrakiens	342/341
Kotys II.	um 170
Sadalas I.	um 87/86–80/79
Kotys III.	?
Kotys IV.	?–44
Sadalas II.	44–42
Sadalas III.	31
Kotys V.	um 31–um 18
Rheskouporis II.	um 22–11

Sapäer

Kotys VI.	vor 48
Rheskouporis I.	48–42
Rhaskos	um 42
Kotys VII.	42–31
Rhoimetalkes I.	um 31 v.–13 n. Chr.
Rheskouporis III.	um 13–19
Kotys VIII.	um 13–19
Rhoimetalkes II.	19–26 oder 37/38
Rhoimetalkes III.	38–45

Vgl. R. Werner: Geschichte des Donau-Schwarzmeerraumes im Altertum. In: Abriß der Geschichte antiker Randkulturen. Hrsg. von W.-D. von Barloewen. München 1961. S. 111–120. – R. D. Sullivan: Thrace in the Eastern Dynastic Network. In: Aufstieg und Niedergang der römischen Welt. Bd. II,7,1. Berlin / New York 1979. S. 192a.

14. Die Könige im kimmerischen Bosporos

Spartakos I.	438/437–433/432
Seleukos (mit Satyros I.)	433/432–393/392
Satyros I.	393/392–389/388
Leukon I. mit Gorgippos	389/388–349/348
Spartokos II. mit Pairisades I.	349/348–344/343
Pairisades I.	344/343–311/310
Satyros II.	311/310–310/309
Prytanis	310/309
Eumelos	310/309–304/303
Spartokos III.	304/303–284/283
Pairisades II.	284/283 – um 245
Spartokos IV.	um 245–240
Kamasarye Philoteknos	um 215–160
mit Pairisades III.	um 215–160
mit Pairisades IV. Philometor	190?–160
Leukon II.	zwischen 160 und 150
Spartokos V.	zwischen 160 und 150
Hygiainon	um 150
Pairisades V.	um 150–108/107
Mithridates VI. von Pontos	107–63
Pharnakes I.	63–47
Asander	48/47–19/18
Dynamis	17–16 und 8–7
Polemon I.	14 v. – 8 n. Chr.
Aspurgos	8?–38 n. Chr.
Polemon II.	38–42
Mithradates II.	42–45
Kotys I.	45–67
Rheskouporis I.	67–92
Sauromates I.	93–124
Kotys II.	123–132
Rhoimetalkes I.	131/132–153/154
T. Iulius Eupator	154–170/171
Sauromates II.	174–210
Rheskouporis II.	210–226

Kotys III.	227/228–233/234
Sauromates III.	229/230–232/233
Rheskouporis III.	233/234
Ininthimaios	234–238
Rheskouporis IV. (V.)	242–276
Pharsanzes	253/254–254/255
Sauromates IV.	275
Teiranes	275–278
Chedosbios	280?
Thothorses	285–308
Rhadamsades	309–322
Rheskouporis V. (VI.)	314–341/342

Vgl. R. Werner: Geschichte des Donau-Schwarzmeerraumes im Altertum. In: Abriß der Geschichte antiker Randkulturen. Hrsg. von W.-D. von Barloewen. München 1961. S. 142–169. – N. A. Frolova: The Coinage of the Kingdom of Bosporus. Bd. 1. Oxford 1979. S. 69–238. Bd. 2. Ebd. 1983. S. 242–342.

15. Die Attaliden in Pergamon

Philetairos	282–263	Attalos II. Philadelphos	160–138
Eumenes I.	263–241	Attalos III.	138–133
Attalos I. Soter	241–197	(Aristonikos	129)*
Eumenes II. Soter	197–160		

* Vgl. E. S. Robinson: Cistophori in the Name of King Eumenes. In: Numismatic Chronicle 14 (1954) S. 1.

Vgl. N. Davis / C. M. Kraay: The Hellenistic Kingdoms. Portrait Coins and History. London 1973. S. 250–256.

16. Die Könige von Kappadokien

Die Daten sind nur annäherungsweise zu bestimmen.

Ariarathes I.	333 –322
Ariarathes II.	301 –280?
Ariaramnes	280?–230?
Ariarathes III.	230 –220
Ariarathes IV. Eusebes	220 –163
Ariarathes V. Eusebes Philopator	163 –130
Ariarathes VI. Epiphanes Philopator	125 –111
Ariarathes VII. Philometor	111 – 99
Ariarathes VIII.	99 – 97
Ariarathes IX. Eusebes Philopator (Sohn des Mithridates VI. von Pontos)	100 – 87
Ariobarzanes I. Philorhomaios	96 – 63
Ariobarzanes II. Philopator	63 – 52
Ariobarzanes III. Eusebes Philorhomaios	52 – 42
Ariarathes X. Eusebes Philadelphos	42 – 36
Archelaos I. Philopatris, Ktistes	36 v. – 17 n. Chr.
Archelaos II.	um 19 – 36

Vgl. B. Simonetta: The Coins of the Cappadocian Kings. Fribourg 1977. S. 15–49. – R. D. Sullivan: The Dynasty of Cappadocia. In: Aufstieg und Niedergang der römischen Welt. Bd. II,7,2. Berlin / New York 1980. S. 1125–68.

17. Die Könige von Bithynien

Zipoïtes	298/297–279
Nikomedes I.	um 279–255 (250?)
Ziaëlas	um 255–228
Prusias I.	288–185 (183?)
Prusias II.	185–149
Nikomedes II. Epiphanes	149–128/127 (120)
Nikomedes III. Euergetes	128/127 (120)–94
Nikomedes IV. Philopator	94–74

Vgl. N. Davis / C. M. Kraay: The Hellenistic Kingdoms. Portrait Coins and History. London 1973. S. 257–264. – B. F. Harris: Bithynia: Roman Sovereignty and the Survival of Hellenism. In: Aufstieg und Niedergang der römischen Welt. Bd. II,7,2. Berlin / New York 1980. S. 857–901.

18. Die Könige von Pontos

Mithradates, Herrscher von Kios	337/336–302/301
Mithradates I.	302/301–266/265
Ariobarzanes	266/265–255
Mithradates II.	um 225–um 220
Mithradates III.	um 220–190
Pharnakes I.	um 190–169
Mithradates IV. Philopator Philadelphos	169 – um 150
Mithradates V. Euergetes	um 150–121
Mithradates VI. Eupator	120–63
Pharnakes II. (Herrscher des kimmerischen Bosporos)	63–47
Dareios	39–37?
Polemon I.	37–8
Pythodoris	8 v. – 22 oder 33 n. Chr.
Antonia Tryphaina	33?– 38
Polemon II.	38–64

Vgl. R. D. Sullivan: Dynasts in Pontus. In: Aufstieg und Niedergang der römischen Welt. Bd. II,7,2. Berlin / New York 1980. S. 913–930.

19. Die Könige von Kommagene

Ptolemaios*	um 163 – um 130
Samos II. Theosebes Dikaios	um 130 – um 100
Mithradates I. Kallinikos	um 100 – um 70
Antiochos I. Theos Dikaios Epiphanes Philorhomaios Philhellen	um 70 – um 36
Mithridates II.	um 36 – um 20
(Antiochos II.	29 gest.)
Mithridates III.	um 20 – ?
Antiochos III.	? – 17 n. Chr.
Annexion durch Rom	18
Antiochos IV. Epiphanes	38 – 72

* Ptolemaios, der etwa ab 170 v. Chr. unter der syrischen Herrschaft Epistates von Kommagene war, erlangte 163/162 seine Unabhängigkeit.

Vgl. R. D. Sullivan: The Dynasty of Commagene. In: Aufstieg und Niedergang der römischen Welt. Bd. II,8. Berlin / New York 1977. S. 732–798.

20. Die Könige von Skodra (Ardiäer)

Pleuratos I.	260/250
Agron	um 250–230
Pinnes	230–212
Teuta	230–228
Skerdilaidas	212–206
Pleuratos II.	206–um 180
Genthios	180–168

Vgl. R. Werner: Geschichte des Donau-Schwarzmeerraumes im Altertum. In: Abriß der Geschichte antiker Randkulturen. Hrsg. von W.-D. von Barloewen. München 1961. S. 90–93.

21. Griechische Könige in Baktrien und Indien

Die Regierungszeiten sind nur annähernd oder gar nicht bekannt. Daher wurde auf Jahresangaben im einzelnen verzichtet.

1. Periode (um 256–208)

Diodotos I.
Diodotos II.

2. Periode (um 208–155)

Euthydemiden

Euthydemos I.
Demetrios I.
Antimachos I.
Euthydemos II.
Demetrios II., Agathokles, Pantaleon

Eukratiden

Eukratides I. Megas

3. Periode (155–130)

Menander Soter
Zoilos Dikaios
Apollodotos Philopator
Zoilos, Dionysios, Apollophanes
Theophilos
Nikias, Lysias, Philoxenos
Straton
Hippostratos
Heliokles I. Philopator
Eukratides II. Soter
Platon Epiphanes
Antialkidas
Archebios

4. Periode (130–58)

Straton
Philoxenos
Straton und Agathokleia
Amyntas
Hermaios und Kalliope

Vgl. G. Woodcock: The Greeks in India. London 1966. – A. D. H. Bivar: The History of Eastern Iran. In: Cambridge History of Iran. Bd. 3,1. Cambridge 1983. S. 181–191, 218.

22. Die Könige von Numidien und Mauretanien

Die Dynastie des Massinissa in Numidia

Massinissa	203–148
Micipsa, Gulussa, Mastanabal	149–um 145
Micipsa	um 145–um 118
Hiempsal I.	118
Adherbal	118–112
Jugurtha	118–105
Gauda	105–um 88
Hiempsal II.	um 60–50?
Juba I.	(60?) 50–46
Juba II. (ab 25 v. Chr. auch in Mauretania)	30 v.–23 n. Chr.

Die Dynastie des Bocchus in Mauretania

Bocchus I.	(Osten)	vor 105 – vor 81
Iphthas	(Westen)	?
Astalis	(Westen)	?
Bocchus?	(Westen)	?
Sosus	(Westen)	?
Bogud	(Westen)	um 49–38
Bocchus II.	(Osten)	um 49–33
Juba II.		25 v. – 23 n. Chr.
Ptolemaios		23–40

Vgl. M. R. Alföldi / C. B. Rüger: Stammtafeln. In: Die Numider. [Katalog der Ausstellung im Rheinischen Landesmuseum 1979.] Bonn 1979. S. 665 f.

23. Die Herrscher der Juden

Hasmonäer

Jonathan	Hohepriester	153/152
Simon	Hohepriester	142–135
Johannes Hyrkanos	Hohepriester	135–104
Aristoboulos I.		104–103
Alexander Iannaios		103– 76
Salome Alexandra		76– 67 (69?)
Hyrkanos II. (seit 76 Hoherpriester)		67– 66
Aristoboulos II.		66– 63
Hyrkanos II.		63– 40
Mattathias Antigonos		40– 37

Herodianer

Herodes	37–4
Herodes Archelaos (Judäa)	4 v. – 6 n. Chr.
Herodes Antipas (Galiläa, Peräa)	4 v. – 39 n. Chr.
Philippos (Ituräa, Trachonitis, Batanäa, Auranitis)	4 v. – 33/34 n. Chr.
Herodes Agrippa I. (Nachfolger des Philippos 37, des Herodes Antipas 39, des Herodes Archelaos 41)	37 (41)–44
Herodes Agrippa II. (nördliches Palästina)	53–68 (92/93)

Vgl. P. Schäfer: Geschichte der Juden in der Antike. Die Juden Palästinas von Alexander dem Großen bis zur arabischen Eroberung. Stuttgart 1983.

24. Die Könige von Armenien

Orontes I.	401–344
Orontes II.	344–331
Mithranes	331–317
Orontes III.	317–260
Samus	260
Arsames	260–228
Xerxes	228–212
Abdissares	um 212
Orontes IV.	212–200

Die Könige von Sophene

Zariadris	190–?
Mithrobuzanes I.	um 170
Orontes V.	um 95

Artaxiaden

Artaxias I., Sohn des Zariadris	um 189 bis um 164
Tigranes I.	159–123
Artavasdes	123–95
Tigranes II.	95–55
Artavasdes II.	55–34
Artaxes II.	33–20
Tigranes III.	20–10
Tigranes IV. mit Erato	10–5 und 4–1
Artavasdes III.	5–4
Ariobarzanes	um 2 v. bis 4 n. Chr.
Artavasdes IV.	5–11
Tigranes V.	8 v. bis 1 n. Chr.
Orodes	15 oder 16
Artaxias II.	18 – um 34
Arsakes	um 34–36
Mithradates	um 36–51
Radamistos	51

Arsakiden

Tiridates I.	53– 60
Tigranes VI. von Kappadokien	60– 62
Tiridates I.	63– 75
Sanatruk	75–110
Axidares	110–113
Parthamasiris	113–114
Pathamaspates	116–117
Vologaeses	116 bis 136 / 137
Valarsch I.	117–140
Pakoros	161–163
Sohaemos	um 163 bis um 175
Valarsch II.	180–191
Chosrau I.	191–217
Tiridates II.	217–252
Tiridates III.	298–330
Chosrau II. (Kotak)	330–338
Tigranes V. (Tiranes)	338–351
Arsakes II.	351–367
Pap	369–374
Varazdat	374–380

Arsakes III.	380–389	Vramschapuh	392–414
Valarschak	380–386	Artaxias IV.	432–438
Chosrau III.	386–392		

Vgl. K. Toumanov: Studies in Christian Caucasian History. Washington 1963. – H. Seyrig: Trésor monétaire de Nisibe. In: Revue numismatique 5,18 (1955) S. 111. – D. M. Lang: Iran, Armenia and Georgia. In: Cambridge History of Iran. Bd. 3,1. Cambridge 1983. S. 517f. – M.-L. Chaumont: Recherches sur l'histoire d'Arménie de l'avènement des Sassanides à la conversion du royaume. Paris 1969. – M.-L. Chaumont: Recherches sur l'histoire d'Arménie de l'avènement d'Auguste à l'avènement de Dioclétien. In: Aufstieg und Niedergang der römischen Welt. Bd. II,9,1. Berlin / New York 1976. S. 71–194.

25. Die parthischen Könige

Die Liste enthält nicht alle Kronprätendenten oder kurzfristigen Herrscher. Die Identität der einzelnen Regenten und die Dauer ihrer Regierungszeit sind teilweise nur schwer festzustellen.

Arsakiden

Beginn der dynastischen Ära	247
Arsakes I.	um 238–217
Arsakes II.	217 oder 214 – um 190
Phriapitios	um 191–176
Phraates I.	176–171
Mithradates I.	171–138
Phraates II.	138–128
Artabanos I.	um 127 – um 124
Mithradates II.	um 123 – um 88/87
Gotarzes I.	um 91–81/80
Orodes I.	um 80 – 78/77
Sinatrukes	78/77 – 71/70
Phraates III.	71/70 – 58/57
Orodes II.	58/57 – um 39
Mithradates III.	55/54
Phraates IV.	39/38 – 3/2

(Tiridates	30 – 26)
Phraates V. (Phraatakes)	3/2 v. – 4 n. Chr.
Orodes III.	um 5 –7
Vonones I.	8/9 – 11/12
Artabanos II.	11/12 – um 38
Vardanes I. (Westen)	39 – 45
Gotarzes II. (Osten)	43/44 – 50/51
Vologaeses I.	um 51 – 76 oder 79
Vologaeses II.	77/78 – 78/79
Pakoros II.	77/78 – 86/87
Artabanos III.	79/80 – 80/81
Vologaeses II.	89–90
Osroes (Chosrau)	89–90
Pakoros II.	92/93–95/96
Vologaeses III.	104/105–107/108
Osroes (Chosrau)	108/109–127/128
Pakoros II.	113/114–114/115
Vologaeses III.	111/112–146/147
Parthamaspates	117
Mithradates IV.	um 130–147
Vologaeses IV.	147/148–190/191
Vologaeses V.	190/191–207/208
Vologaeses VI.	207/208–222/223 (228 ?)
Artabanos IV.	um 213 – um 224

Vgl. G. Le Rider: Suse sous les Séleucides et les Parthes. Paris 1965. S. 460. – Für die Könige von 121 bis 68 v. Chr.: K. Dobbins: The Successors of Mithridates II of Parthia. In: Numismatic Chronicle 15 (1975) S. 19. – A. D. H. Bivar: The Political History of the Iran under the Arsacids. In: The Cambridge History of Iran. Bd. 3,1. Cambridge 1983. S. 98–100. – K. Schippmann: Grundzüge der parthischen Geschichte. Darmstadt 1980.

26. Die Sassaniden

Ardaschir	224–240
Schapur I.	240 (243)–270 (273)
Hormizd I.	270 (273)–271 (274)
Bahram I.	271 (274)–274 (277 ?)
Bahram II.	274 (277)–293
Bahram III.	293
Narseh	293–302
Hormizd II.	302–309
Schapur II.	309–379
Ardaschir II.	379–383
Schapur III.	383–388
Bahram IV.	388–399
Yezdegird I.	399–420
Bahram V.	420–438
Yezdegird II.	439–457
Hormizd III.	457–459 ?
Peroz	459–484
Balas	484–488
Kavad I. (erste Herrschaft)	488–496
Zamasp	496–498
Kavad I. (zweite Herrschaft)	498–531
Chosrau I.	531–579
Hormizd IV.	579–590
Chosrau II. (erste Herrschaft)	590
Bahram VI. Chobin	590–591
Chosrau II. (zweite Herrschaft)	591–628
Kavad II.	628
Ardaschir III.	628–629
Sharbaraz	629
Boran (Tochter Chosraus II.)	630–631
Yezdegird III.	632–642

Mit der arabischen Eroberung 651 endete die Dynastie.

Vgl. R. N. Frye: The Political History of Iran under the Sassanians. In: The Cambridge History of Iran. Bd. 3,1. Cambridge 1983. S. 178. – W. Eilers: Iran and Mesopotamia. In: Ebd. S. 483–504.

27. Die römischen Konsuln 509 v. Chr. – 337 n. Chr.

Wie in Athen, Sparta und anderen griechischen Städten wurden auch im republikanischen Rom die Jahre nach den jährlich wechselnden Oberbeamten benannt, in diesem Fall nach den Konsuln. Dieses Verfahren wurde auch unter der Alleinherrschaft der Kaiser fortgesetzt. Da sich jetzt jedoch die Amtszeit der Konsuln auf einige Monate im Jahr verkürzte, wurden die beiden Konsuln, die am 1. Januar ihr Amt antraten (die *consules ordinarii*, im Unterschied zu den nachfolgenden Konsuln, den *consules suffecti*), für das betreffende Jahr eponym. Die römischen Priester, zu deren Aufgaben die Erstellung des Kalenders gehörte, führten auch die Liste der jährlichen Konsulpaare. Sie setzten im Kalender die *dies fasti* fest, an denen nach göttlichem Recht öffentlich-staatlicher Geschäftsverkehr erlaubt war, und die *dies nefasti*, an denen alle Geschäfte zu ruhen hatten. Der Begriff der *fasti* wurde auf die Konsulliste übertragen. Obwohl die öffentliche Aufstellung der Konsulfasten in den Quellen erst für das 1. Jahrhundert v. Chr. bezeugt ist, nimmt man an, daß sie zu Beginn des 3. Jahrhunderts v. Chr. entstanden sind und schon damals ebenso wie der Jahreskalender öffentlich einzusehen waren. Die uns inschriftlich erhaltenen Konsulfasten stammen allerdings erst aus der Zeit des Augustus (*Fasti Capitolini*, *Fasti Ostienses* u. a.). Die moderne Forschung hat die nachstehend wiedergegebene Liste mit Hilfe anderer Quellenzeugnisse rekonstruiert, wobei immer noch einige Angaben unsicher bleiben.

Im folgenden steht *a. u. c.* für *ab urbe condita*. Eine römische Ziffer hinter dem Namen zeigt mehrmalige Amtsperioden an. *Trib. mil. cons. pot.* steht für *tribuni militum consulari potestate*, Militärtribunen, die zeitweilig anstelle von Konsuln gewählt wurden. Ab dem Jahr 15 n. Chr. wird auf die Angabe der *consules suffecti* (*Suff.*) und auf die Bezeichnung der Filiation (der abgekürzte Vatersname mit dem Zusatz *f.* für *filius*) verzichtet.

v. Chr.	a. u. c.	
509	245	L. Iunius M. f. Brutus, L. Tarquinius Collatinus *Suff.:* P. Valerius Volusi f. Publicola, Sp. Lucretius T. ? f. Tricipitinus, M. Horatius M. f. Pulvillus
508	246	P. Valerius Volusi f. Publicola II, T. Lucretius T. f. Tricipitinus
507	247	P. Valerius Volusi f. Publicola III, M. Horatius M. f. Pulvillus II
506	248	Sp. Larcius Flavus (*oder* Rufus), T. Herminius Aquilinus
505	249	M. Valerius Volusi f. (Volusus ?), P. Postumius Q. f. Tubertus
504	250	P. Valerius Volusi f. Publicola IV, T. Lucretius T. f. Tricipitinus II
503	251	Agrippa Menenius C. f. Lanatus, P. Postumius Q. f. Tubertus II
502	252	Opiter Verginius Opit. f. Tricostus, Sp. Cassius Vecellinus
501	253	Postumius Cominius Auruncus, T. Larcius Flavus (*oder* Rufus)
500	254	Ser. Sulpicius P. f. Camerinus Cornutus, M'. Tullius Longus
499	255	T. Aebutius T. f. Helva, C. (*oder* P.) Veturius Geminus Cicurinus
498	256	Q. Cloelius Siculus, T. Larcius Flavus (*oder* Rufus) II
497	257	A. Sempronius Atratinus, M. Minucius Augurinus
496	258	A. Postumius P. f. Albus (Regillensis), T. Verginius A. f. Tricostus Caeliomontanus
495	259	Ap. Claudius M. f. Sabinus Inregillensis, P. Servilius P. f. Priscus Structus
494	260	A. Verginius A. f. Tricostus Caeliomontanus, T. Veturius Geminus Cicurinus
493	261	Postumus Cominius Auruncus II, Sp. Cassius Vecellinus II

v. Chr.	a. u. c.	
492	262	T. Geganius Macerinus, P. Minucius Augurinus
491	263	M. Minucius Augurinus II, A. Sempronius Atratinus II
490	264	Q. Sulpicius Camerinus Cornutus, Sp. Larcius Flavus (*oder* Rufus) II
489	265	C. Iulius Iullus, P. Pinarius Mamertinus Rufus
488	266	Sp. Nautius Sp. ?f. Rutilus, Sex. Furius Medullinus ? Fusus ?
487	267	T. Sicinius Sabinus ?, C. Aquillius Tuscus ?
486	268	Sp. Cassius Vicellinus III, Proculus Verginius Tricostus Rutilus
485	269	Ser. Cornelius Maluginensis, Q. Fabius K. f. Vibulanus
484	270	L. Aemilius Mam. f. Mamercus, K. Fabius K. f. Vibulanus
483	271	M. Fabius K. f. Vibulanus, L. Valerius M. f. Potitus
482	272	Q. Fabius K. f. Vibulanus II, C. Iulius C. f. Iullus
481	273	K. Fabius K. f. Vibulanus II, Sp. Furius Fusus
480	274	M. Fabius K. f. Vibulanus II, Cn. Manlius P. f. Cincinnatus
479	275	K. Fabius K. f. Vibulanus III, T. Verginius Opet. f. Tricostus Rutilus
478	276	L. Aemilius Mam. f. Mamercus II, C. Servilius Structus Ahala *Suff.:* Opet. Verginius Esquilinus
477	277	C. (*oder* M.) Horatius M. f. Pulvillus, T. Menenius Agrippae f. Lanatus
476	278	A. Verginius Tricostus Rutilus, Sp. Servilius (P. f. ?) Structus
475	279	P. Valerius P. f. Publicola, C. Nautius Sp. f. Rutilus

v. Chr.	a. u. c.	
474	280	L. Furius Medullinus, A. Manlius Cn. f. Vulso
473	281	L. Aemilius Mam. f. Mamercus III, Vopiscus Iulius C. f. Iullus
472	282	L. Pinarius Mamercinus Rufus, P. Furius Medullinus Fusus
471	283	Ap. Claudius Ap. f. Crassinus Inregillensis Sabinus, T. Quinctius L. f. Capitolinus Barbatus
470	284	L. Valerius M. f. Potitus II, Ti. Aemilius L. f. Mamercus
469	285	T. Numicius Priscus, A. Verginius Caeliomontanus
468	286	T. Quinctius L. f. Capitolinus Barbatus II, Q. Servilius Structus Priscus
467	287	Ti. Aemilius L. f. Mamercus II, Q. Fabius M. f. Vibulanus
466	288	Q. Servilius Priscus II, Sp. Postumius A. f. Albus Regillensis
465	289	Q. Fabius M. f. Vibulanus II, T. Quinctius L. f. Capitolinus Barbatus III
464	290	A. Postumius A. f. Albus Regillensis, Sp. Furius Medullinus Fusus
463	291	P. Servilius Sp. f. Priscus, L. Aebutius T. f. Helva
462	292	L. Lucretius T. f. Tricipitinus, T. Veturius T. f. Geminus Cicurinus
461	293	P. Volumnius M. f. Amintinus Gallus, Ser. Sulpicius Camerinus Cornutus
460	294	P. Valerius P. f. Publicola, C. Claudius Ap. f. Inregillensis Sabinus *Suff.:* L. Quinctius L. f. Cincinnatus
459	295	Q. Fabius M. f. Vibulanus III, L. Cornelius Ser. f. Maluginensis Uritinus
458	296	C. Nautius Sp. f. Rutilus II, – Carvetus ? *Suff.:* L. Minucius P. f. Esquilinus Augurinus

v. Chr.	a. u. c.	
457	297	C. (*oder* M.) Horatius M. f. Pulvillus II, Q. Minucius P. f. Esquilinus
456	298	M. Valerius M'. f. Maxumus Lactuca, Sp. Verginius A. f. Tricostus Caeliomontanus
455	299	T. Romilius T. f. Rocus Vaticanus, C. Veturius P. f. Cicurinus
454	300	Sp. Tarpeius M. f. Montanus Capitolinus, A. Aternius Varus Fontinalis
453	301	Sex. Quinctilius Sex. f., P. Curiatus Fistus Trigeminus
452	302	T. Menenius Agripp. f. Lanatus, P. Sestius Q. f. Capito(linus ?) Vaticanus
451	303	Ap. Claudius Ap. f. Crassus Inregillensis Sabinus II, T. Genucius L. f. Augurinus
450	304	Decemviri
449	305	L. Valerius P. f. Potitus, M. Horatius M. f. Barbatus
448	306	Lars (*oder* Sp.) Herminius Coritinesanus, T. Verginius Tricostus Caeliomontanus
447	307	M. Geganius M. f. Macerinus, C. Iulius (Iullus ?)
446	308	T. Quinctius L. f. Capitolinus Barbatus IV, Agrippa Furius Fusus
445	309	M. Genucius Augurinus, C. (*oder* Agripp.) Curtius Philo
444	310	*Trib. mil. cons. pot.* *Suff.:* L. Papirius Mugillanus, L. Sempronius A. f. Atratinus
443	311	M. Geganius M. f. Macerinus II, T. Quinctius L. f. Capitolinus Barbatus V
442	312	M. Fabius Q. f. Vibulanus, Post. Aebutius Helva Cornicen
441	313	C. Furius Pacilus Fusus, M'. (*oder* M.) Papirius Crassus
440	314	Proculus Geganius Macerinus, T. Menenius Agripp. f. Lanatus II

v. Chr.	a. u. c.	
439	315	Agrippa Menenius T. f. Lanatus, T. Quinctius L. f. Capitolinus Barbatus VI
438	316	*Trib. mil. cons. pot.*
437	317	M. Geganius M. f. Macerinus III, L. Sergius L. f. Fidenas *Suff.:* M. Valerius M. f. Lactuca Maximus
436	318	L. Papirius Crassus, M. Cornelius Maluginensis
435	319	C. Iulius (Iullus ?) II, L. (*oder* Proc.) Verginius Tricostus
434	320	C. Iulius Iullus III, L. (*oder* Proc.) Verginius Tricostus II *oder* M. Manlius Capitolinus, Q. Sulpicius Ser. ?f. Camerinus Praetextatus
433 –432	321 –322	 *Trib. mil. cons. pot.*
431	323	T. Quinctius L. f. Poenus Cincinnatus, C. (*oder* Cn.) Iulius Mento
430	324	L. (*oder* C.) Papirius Crassus, L. Iulius Vop. f. Iullus
429	325	Hostus Lucretius Tricipitinus, L. Sergius C. f. Fidenas II
428	326	A. Cornelius M. f. Cossus, T. Quinctius L. f. Poenus Cincinnatus II
427*	327	C. Servilius Structus Ahala, L. Papirius L. f. Mugillanus
426 –424	328 –330	 *Trib. mil. cons. pot.*
423	331	C. Sempronius Atratinus, Q. Fabius Q. f. Vibulanus
422	332	*Trib. mil. cons. pot.*
421	333	Cn. (*oder* N.) Fabius Q. f. Vibulanus, T. Quinctius T. f. Capitolinus Barbatus

* Diodor gibt zwischen den Konsuln von 428 und 427 ein weiteres Konsulpaar an: L. Quinctius (L. f. Cincinnatus), A. Sempronius (L. f. Atratinus).

v. Chr.	a. u. c.	
420	334	
–414	–340	*Trib. mil. cons. pot.*
413	341	A. (*oder* M. ?) Cornelius Cossus, L. Furius L. f. Medullinus
412	342	Q. Fabius Ambustus Vibulanus, C. Furius Pacilus
411	343	M. Papirius L. f. Mugillanus, Sp. (*oder* C.) Nautius Sp. f. Rutilus
410	344	M'. Aemilius Mam. f. Mamercinus, C. Valerius L. f. Potitus Volusus
409	345	Cn. Cornelius A. f. Cossus, L. Furius L. f. Medullinus II
408	346	
–394	–360	*Trib. mil. cons. pot.*
393	361	L. Valerius L. f. Potitus, P. ? (*oder* Ser.) Cornelius Maluginensis *Suff.:* L. Lucretius Tricipitinus Flavus, Ser. Sulpicius Q. f. Camerinus
392	362	L. Valerius L. f. Potitus II, M. Manlius T. f. Capitolinus
391	363	
–376	–378	*Trib. mil. cons. pot.*
375	379	
–371	–383	*Keine kurulischen Magistrate*
370	384	
–367	–387	*Trib. mil. cons. pot.*
366	388	L. Aemilius L. f. Mamercinus, L. Sextius Sex. f. Sextinus Lateranus
365	389	L. Genucius M. f. Aventinensis, Q. Servilius Q. f. Ahala
364	390	C. Sulpicius M. f. Peticus, C. Licinius C. f. Stolo (*oder* Calvus)
363	391	Cn. Genucius M. f. Aventinensis, L. Aemilius L. f. Mamercinus II
362	392	Q. Servilius Q. f. Ahala II, L. Genucius M. f. Aventinensis II

v. Chr.	a. u. c.	
361	393	C. Licinius C. f. Calvus (*oder* Stolo), C. Sulpicius M. f. Peticus II
360	394	M. Fabius N. f. Ambustus, C. Poetelius C. f. Libo Visolus
359	395	M. Popillius M. f. Laenas, Cn. Manlius L. f. Capitolinus Imperiosus
358	396	C. Fabius N. f. Ambustus, C. Plautius P. f. Proculus
357	397	C. Marcius L. f. Rutilus, Cn. Manlius L. f. Capitolinus Imperiosus II
356	398	M. Fabius N. f. Ambustus II, M. Popillius M. f. Laenas II
355	399	C. Sulpicius M. f. Peticus III, M. Valerius L. f. Poplicola
354	400	M. Fabius N. f. Ambustus III, T. Quinctius Poenus Capitolinus Crispinus
353	401	C. Sulpicius M. f. Peticus IV, M. Valerius L. f. Poplicola II
352	402	P. Valerius P. f. Poplicola, C. Marcius L. f. Rutilus II
351	403	C. Sulpicius M. f. Peticus V, T. Quinctius Poenus Capitolinus Crispinus II
350	404	M. Popillius M. f. Laenas III, L. Cornelius P. f. Scipio
349	405	L. Furius M. f. Camillus, Ap. Claudius P. f. Crassus Inregillensis
348	406	M. Valerius M. f. Corvus, M. Popillius M. f. Laenas IV
347	407	C. Plautius Venno (*oder* Venox), T. Manlius L. f. Imperiosus Torquatus
346	408	M. Valerius M. f. Corvus II, C. Poetelius C. f. Libo Visolus II
345	409	M. Fabius Dorsuo, Ser. Sulpicius Camerinus Rufus
344	410	C. Marcius L. f. Rutilus III, T. Manlius L. f. Imperiosus Torquatus II

v. Chr.	a. u. c.	
343	411	M. Valerius M. f. Corvus III, A. Cornelius P. f. Cossus Arvina
342	412	Q. Servilius Q. f. Ahala III, C. Marcius L. f. Rutilus IV
341	413	C. Plautius Venno (Venox) II, L. Aemilius L. f. Mamercinus Privernas
340	414	T. Manlius L. f. Imperiosus Torquatus III, P. Decius Q. f. Mus
339	415	Ti. Aemilius Mamercinus, Q. Publilius Q. f. Philo
338	416	L. Furius Sp. f. Camillus, C. Maenius P. f.
337	417	C. Sulpicius Ser. f. Longus, P. Aelius Paetus
336	418	L. Papirius L. f. Crassus, K. Duillius
335	419	M. Atilius Regulus Calenus, M. Valerius M. f. Corvus IV
334	420	Sp. Postumius Albinus (Caudinus), T. Veturius Calvinus
333	421	*Diktator:* P. Cornelius – f. Rufinus
332	422	Cn. Domitius Cn. F. Calvinus, A. Cornelius P. f. Cossus Arvina II
331	423	C. Valerius L. f. Potitus, M. Claudius C. f. Marcellus
330	424	L. Papirius L. f. Crassus II, L. Plautius L. f. Venno (Venox)
329	425	L. Aemilius L. f. Mamercinus Privernas II, C. Plautius P. f. Decianus
328	426	C. Plautius Decianus II (*oder* P. Plautius Proculus), P. Cornelius Scapula (*oder* P. Cornelius Scipio Barbatus)
327	427	L. Cornelius Lentulus, Q. Publilius Q. f. Philo II
326	428	C. Poetelius C. f. Libo Visolus III, L. Papirius Sp. f. Cursor
325	429	L. Furius Sp. f. Camillus II, D. Iunius Brutus Scaeva

v. Chr.	a. u. c.	
324	430	*Diktator:* L. Papirius Sp. f. Cursor
323	431	C. Sulpicius Ser. f. Longus II, Q. Aulius Q. f. Cerretanus
322	432	Q. Fabius M. f. Maximus Rullianus, L. Fulvius L. f. Curvus
321	433	T. Veturius Calvinus II, Sp. Postumius Albinus (Caudinus) II
320	434	L. Papirius Sp. f. Cursor II, Q. Publilius Q. f. Philo III
319	435	L. Papirius Sp. f. Cursor III, Q. Aulius Q. f. Cerretanus II
318	436	L. Plautius L. f. Venno (Venox), M. Folius C. f. Flaccinator
317	437	Q. Aemilius Q. f. Barbula, C. Iunius C. f. Bubulcus Brutus
316	438	Sp. Nautius Sp. f. Rutilus, M. Popillius M. f. Laenas
315	439	L. Papirius Sp. f. Cursor IV, Q. Publilius Q. f. Philo IV
314	440	M. Poetelius M. f. Libo, C. Sulpicius Ser. f. Longus III
313	441	L. Papirius Sp. f. Cursor V, C. Iunius C. f. Bubulcus Brutus II
312	442	M. Valerius M. f. Maximus (Corvinus), P. Decius P. f. Mus
311	443	C. Iunius C. f. Bubulcus Brutus III, Q. Aemilius Q. f. Barbula II
310	444	Q. Fabius M. f. Maximus Rullianus II, C. Marcius C. f. Rutilus (Censorinus)
309	445	*Diktator:* L. Papirius Sp. f. Cursor
308	446	P. Decius P. f. Mus II, Q. Fabius M. f. Maximus Rullianus III
307	447	Ap. Claudius C. f. Caecus, L. Volumnius C. f. Flamma Violens
306	448	Q. Marcius Q. f. Tremulus, P. Cornelius A. f. Arvina

v. Chr.	a. u. c.	
305	449	L. Postumius L. f. Megellus,
		Ti. Minucius M. f. Augurinus
		Suff.: M. Fulvius L. f. Curvus Paetinus
304	450	P. Sempronius P. f. Sophus,
		P. Sulpicius Ser. f. Saverrio
303	451	Ser. Cornelius Cn. f. Lentulus,
		L. Genucius Aventinensis
302	452	M. Livius Denter, M. Aemilius L. f. Paullus
301	453	*Diktator:* M. Valerius M. f. Maximus Corvus
300	454	M. Valerius M. f. Maximus Corvus V,
		Q. Appuleius Pansa
299	455	M. Fulvius Cn. f. Paetinus,
		T. Manlius T. f. Torquatus
		Suff.: M. Valerius M. f. Maximus Corvus VI
298	456	L. Cornelius Cn. f. Scipio Barbatus,
		Cn. Fulvius Cn. f. Maximus Centumalus
297	457	Q. Fabius M. f. Maximus Rullianus IV,
		P. Decius P. f. Mus III
296	458	Ap. Claudius C. f. Caecus II,
		L. Volumnius C. f. Flamma Violens II
295	459	Q. Fabius M. f. Maximus Rullianus V,
		P. Decius P. f. Mus IV
294	460	L. Postumius L. f. Megellus II,
		M. Atilius M. f. Regulus
293	461	L. Papirius L. f. Cursor,
		Sp. Carvilius C. f. Maximus
292	462	Q. Fabius Q. f. Maximus Gurges,
		D. Iunius D. f. Brutus Scaeva
291	463	L. Postumius L. f. Megellus III,
		C. Iunius C. f. Bubulcus Brutus
290	464	M'. Curius M'. f. Dentatus,
		P. Cornelius Cn. f. Rufinus
289	465	M. Valerius M. f. Maximus Corvinus II,
		Q. Caedicius Q. f. Noctua
288	466	Q. Marcius Q. f. Tremulus II,
		P. Cornelius A. f. Arvina II

v. Chr.	a. u. c.	
287	467	M. Claudius M. f. Marcellus, C. Nautius Rutilus
286	468	M. Valerius Maximus (Potitus ?), C. Aelius Paetus
285	469	C. Claudius M. f. Canina, M. Aemilius Lepidus
284	470	C. Servilius Tucca, L. Caecilius Metellus Denter
283	471	P. Cornelius Dolabella, Cn. Domitius Cn. f. Calvinus Maximus
282	472	C. Fabricius C. f. Luscinus, Q. Aemilius Cn. f. Papus
281	473	L. Aemilius Q. f. Barbula, Q. Marcius Q. f. Philippus
280	474	P. Valerius Laevinus, Ti. Coruncanius Ti. f.
279	475	P. Sulpicius P. f. Saverrio, P. Decius P. f. Mus
278	476	C. Fabricius C. f. Luscinus II, Q. Aemilius Cn. f. Papus II
277	477	P. Cornelius Cn. f. Rufinus II, C. Iunius C. f. Bubulcus Brutus II
276	478	Q. Fabius Q. f. Maximus Gurges II, C. Genucius L. f. Clepsina
275	479	M'. Curius M'. f. Dentatus II, L. Cornelius Ti. f. Lentulus Caudinus
274	480	M'. Curius M'. f. Dentatus III, Ser. Cornelius P. f. Merenda
273	481	C. Fabius M. f. Licinus, C. Claudius M. f. Canina II
272	482	L. Papirius L. f. Cursor II, Sp. Carvilius C. f. Maximus II
271	483	K. Quinctius L. f. Claudus, L. Genucius L. f. Clepsina
270	484	C. Genucius L. f. Clepsina II, Cn. Cornelius P. f. Blasio
269	485	Q. Ogulnius L. f. Gallus, C. Fabius C. f. Pictor

v. Chr.	a. u. c.	
268	486	P. Sempronius P. f. Sophus, Ap. Claudius Ap. f. Russus
267	487	M. Atilius M. f. Regulus, L. Iulius L. f. Libo
266	488	D. Iunius D. f. Pera, N. Fabius C. f. Pictor
265	489	Q. Fabius Q. f. Maximus Gurges, L. Mamilius Q. f. Vitulus
264	490	Ap. Claudius C. f. Caudex, M. Fulvius Q. f. Flaccus
263	491	M'. Valerius M. f. Maximus (Messalla), M'. Otacilius C. f. Crassus
262	492	L. Postumius L. f. Megellus, Q. Mamilius Q. f. Vitulus
261	493	L. Valerius M. f. Flaccus, T. Otacilius C. f. Crassus
260	494	Cn. Cornelius L. f. Scipio Asina, C. Duilius M. f.
259	495	L. Cornelius L. f. Scipio, C. Aquillius M. f. Florus
258	496	A. Atilius A. f. Caiatinus, C. Sulpicius Q. f. Paterculus
257	497	C. Atilius M. f. Regulus, Cn. Cornelius P. f. Blasio II
256	498	L. Manlius A. f. Vulso Longus, Q. Caedicius Q. f. *Suff.:* M. Atilius M. f. Regulus II
255	499	Ser. Fulvius M. f. Paetinus Nobilior, M. Aemilius M. f. Paullus
254	500	Cn. Cornelius L. f. Scipio Asina II, A. Atilius A. f. Caiatinus II
253	501	Cn. Servilius Cn. f. Caepio, C. Sempronius Ti. f. Blaesus
252	502	C. Aurelius L. f. Cotta, P. Servilius Q. f. Geminus
251	503	L. Caecilius L. f. Metellus, C. Furius C. f. Pacilus

v. Chr.	a. u. c.	
250	504	C. Atilius M. f. Regulus II,
		L. Manlius A. f. Vulso II
249	505	P. Claudius Ap. f. Pulcher, L. Iunius C. f. Pullus
248	506	C. Aurelius L. f. Cotta II,
		P. Servilius Q. f. Geminus II
247	507	L. Caecilius L. f. Metellus II,
		N. Fabius M. f. Buteo
246	508	M. Otacilius C. f. Crassus II,
		M. Fabius C. f. Licinus
245	509	M. Fabius M. f. Buteo, C. Atilius A. f. Bulbus
244	510	A. Manlius T. f. Torquatus Atticus,
		C. Sempronius Ti. f. Blaesus II
243	511	C. Fundanius C. f. Fundulus,
		C. Sulpicius C. f. Galus
242	512	C. Lutatius C. f. Catulus,
		A. Postumius A. f. Albinus
241	513	A. Manlius T. f. Torquatus Atticus II,
		Q. Lutatius C. f. Cerco
240	514	C. Claudius Ap. f. Centho,
		M. Sempronius C. f. Tuditanus
239	515	C. Mamilius Q. f. Turrinus,
		Q. Valerius Q. f. Falto
238	516	Ti. Sempronius Ti. f. Gracchus,
		P. Valerius Q. f. Falto
237	517	L. Cornelius L. f. Lentulus Caudinus,
		Q. Fulvius M. f. Flaccus
236	518	P. Cornelius L. f. Lentulus Caudinus,
		C. Licinius P. f. Varus
235	519	T. Manlius T. f. Torquatus,
		C. Atilius A. f. Bulbus II
234	520	L. Postumius A. f. Albinus,
		Sp. Carvilius Sp. f. Maximus (Ruga)
233	521	Q. Fabius Q. f. Maximus Verrucosus,
		M'. Pomponius M'. f. Matho
232	522	M. Aemilius M. f. Lepidus,
		M. Publicius L. f. Malleolus

v. Chr.	a. u. c.	
231	523	M. Pomponius M'. f. Matho,
		C. Papirius C. f. Maso
230	524	M. Aemilius L. f. Barbula,
		M. Iunius D. f. Pera
229	525	L. Postumius A. f. Albinus II,
		Cn. Fulvius Cn. f. Centumalus
228	526	Sp. Carvilius Sp. f. Maximus II (Ruga),
		Q. Fabius Q. f. Maximus Verrucosus II
227	527	P. Valerius L. f. Flaccus,
		M. Atilius M. f. Regulus
226	528	M. Valerius M'. f. (Maximus) Messalla,
		L. Apustius L. f. Fullo
225	529	L. Aemilius Q. f. Papus,
		C. Atilius M. f. Regulus
224	530	T. Manlius T. f. Torquatus II,
		Q. Fulvius M. f. Flaccus II
223	531	C. Flaminius C. f.,
		P. Furius Sp. f. Philus
222	532	Cn. Cornelius L. f. Scipio Calvus,
		M. Claudius M. f. Marcellus
221	533	P. Cornelius Cn. f. Scipio Asina,
		M. Minucius C. f. Rufus
		Suff. (?): M. Aemilius M. f. Lepidus II
220	534	M. Valerius P. f. Laevinus,
		Q. Mucius P. f. Scaevola
		Suff. (?): L. Veturius L. f. Philo,
		C. Lutatius C. f. Catulus
219	535	L. Aemilius M. f. Paullus,
		M. Livius M. f. Salinator
218	536	P. Cornelius L. f. Scipio,
		Ti. Sempronius C. f. Longus
217	537	Cn. Servilius P. f. Geminus,
		C. Flaminius C. f. II
		Suff.: M. Atilius M. f. Regulus II
216	538	L. Aemilius M. f. Paullus II,
		C. Terentius C. f. Varro

v. Chr.	a. u. c.	
215	539	Ti. Sempronius Ti. f. Gracchus, L. Postumius A. f. Albinus III *Suff.:* M. Claudius M. f. Marcellus II (*Wahl ungültig*), Q. Fabius Q. f. Maximus Verrucosus III
214	540	Q. Fabius Q. f. Maximus Verrucosus IV, M. Claudius M. f. Marcellus III
213	541	Q. Fabius Q. f. Maximus, Ti. Sempronius Ti. f. Gracchus II
212	542	Ap. Claudius P. f. Pulcher, Q. Fulvius M. f. Flaccus III
211	543	P. Sulpicius Ser. f. Galba Maximus, Cn. Fulvius Cn. f. Centumalus Maximus
210	544	M. Valerius P. f. Laevinus II, M. Claudius M. f. Marcellus IV
209	545	Q. Fabius Q. f. Maximus Verrucosus V, Q. Fulvius M. f. Flaccus IV
208	546	M. Claudius M. f. Marcellus V, T. Quinctius L. f. Crispinus
207	547	C. Claudius Ti. f. Nero, M. Livius M. f. Salinator II
206	548	Q. Caecilius L. f. Metellus, L. Veturius L. f. Philo
205	549	P. Cornelius P. f. Scipio (Africanus), P. Licinius P. f. Crassus Dives
204	550	M. Cornelius M. f. Cethegus, P. Sempronius C. f. Tuditanus
203	551	Cn. Servilius Cn. f. Caepio, C. Servilius C. f. Geminus
202	552	Ti. Claudius P. f. Nero, M. Servilius C. f. Pulex Geminus
201	553	Cn. Cornelius L. f. Lentulus, P. Aelius Q. f. Paetus
200	554	P. Sulpicius Ser. f. Galba Maximus II, C. Aurelius C. f. Cotta
199	555	L. Cornelius L. f. Lentulus, P. Villius Ti. f. Tappulus

v. Chr.	a. u. c.	
198	556	T. Quinctius T. f. Flamininus, Sex. Aelius Q. f. Paetus Catus
197	557	C. Cornelius L. f. Cethegus, Q. Minucius C. f. Rufus
196	558	L. Furius Sp. f. Purpurio, M. Claudius M. f. Marcellus
195	559	M. Porcius M. f. Cato, L. Valerius P. f. Flaccus
194	560	P. Cornelius P. f. Scipio Africanus II, Ti. Sempronius Ti. f. Longus
193	561	L. Cornelius L. f. Merula, A. Minucius Q. f. Thermus
192	562	L. Quinctius T. f. Flamininus, Cn. Domitius L. f. Ahenobarbus
191	563	M'. Acilius C. f. Glabrio, P. Cornelius Cn. f. Scipio Nasica
190	564	L. Cornelius P. f. Scipio (Asiaticus), C. Laelius C. f.
189	565	Cn. Manlius Cn. f. Vulso, M. Fulvius M. f. Nobilior
188	566	C. Livius M. f. Salinator, M. Valerius M. f. Messalla
187	567	M. Aemilius M. f. Lepidus, C. Flaminius C. f.
186	568	Sp. Postumius L. f. Albinus, Q. Marcius L. f. Philippus
185	569	Ap. Claudius Ap. f. Pulcher, M. Sempronius M. f. Tuditanus
184	570	P. Claudius Ap. f. Pulcher, L. Porcius L. f. Licinus
183	571	Q. Fabius Q. f. Labeo, M. Claudius M. f. Marcellus
182	572	L. Aemilius L. f. Paullus, Cn. Baebius Q. f. Tamphilus
181	573	P. Cornelius L. f. Cethegus, M. Baebius Q. f. Tamphilus

v. Chr.	a. u. c.	
180	574	A. Postumius A. f. Albinus (Luscus), C. Calpurnius C. f. Piso *Suff.:* Q. Fulvius Cn. f. Flaccus
179	575	L. Manlius L. f. Acidinus Fulvianus, Q. Fulvius Q. f. Flaccus
178	576	M. Iunius M. f. Brutus, A. Manlius Cn. f. Vulso
177	577	C. Claudius Ap. f. Pulcher, Ti. Sempronius P. f. Gracchus
176	578	Cn. Cornelius Cn. f. Scipio Hispallus, Q. Petillius Spurinus *Suff.:* C. Valerius M. f. Laevinus
175	579	P. Mucius Q. f. Scaevola, M. Aemilius M. f. Lepidus II
174	580	Sp. Postumius A. f. Albinus Paullulus, Q. Mucius Q. f. Scaevola
173	581	L. Postumius A. f. Albinus, M. Popillius P. f. Laenas
172	582	C. Popillius P. f. Laenas, P. Aelius P. f. Ligus
171	583	P. Licinius C. f. Crassus, C. Cassius C. f. Longinus
170	584	A. Hostilius L. f. Mancinus, A. Atilius C. f. Serranus
169	585	Q. Marcius L. f. Philippus II, Cn. Servilius Cn. f. Caepio
168	586	L. Aemilius L. f. Paullus II, C. Licinius C. f. Crassus
167	587	Q. Aelius P. f. Paetus, M. Iunius M. f. Pennus
166	588	C. Sulpicius C. f. Galus, M. Claudius M. f. Marcellus
165	589	T. Manlius A. f. Torquatus, Cn. Octavius Cn. f.
164	590	A. Manlius A. f. Torquatus, Q. Cassius L. f. Longinus
163	591	Ti. Sempronius P. f. Gracchus II, M'. Iuventius T. f. Thalna

v. Chr.	a. u. c.	
162	592	P. Cornelius P. f. Scipio Nasica (Corculum), C. Marcius C. f. Figulus *Suff.:* P. Cornelius L. f. Lentulus, Cn. Domitius Cn. f. Ahenobarbus
161	593	M. Valerius M. f. Messalla, C. Fannius C. f. Strabo
160	594	L. Anicius L. f. Gallus, M. Cornelius C. f. Cethegus
159	595	Cn. Cornelius Cn. f. Dolabella, M. Fulvius M. f. Nobilior
158	596	M. Aemilius M'. f. Lepidus, C. Popillius P. f. Laenas II
157	597	Sex. Iulius Sex. f. Caesar, L. Aurelius L. f. Orestes
156	598	L. Cornelius Cn. f. Lentulus Lupus, C. Marcius C. f. Figulus II
155	599	P. Cornelius P. f. Scipio Nasica (Corculum) II, M. Claudius M. f. Marcellus II
154	600	Q. Opimius Q. f. L. Postumius Sp. f. Albinus *Suff.:* M'. Acilius M'. f. Glabrio
153	601	Q. Fulvius M. f. Nobilior, T. Annius T. f. Luscus
152	602	M. Claudius M. f. Marcellus III, L. Valerius L. f. Flaccus
151	603	L. Licinius M. f. Lucullus, A. Postumius A. f. Albinus
150	604	T. Quinctius T. f. Flamininus, M'. Acilius L. f. Balbus
149	605	L. Marcius C. f. Censorinus, M'. Manilius P. f.
148	606	Sp. Postumius Sp. f. Albinus Magnus, L. Calpurnius C. f. Piso Caesoninus
147	607	P. Cornelius P. f. Scipio Africanus Aemilianus, C. Livius M. Aemiliani f. Drusus
146	608	Cn. Cornelius Cn. f. Lentulus, L. Mummius L. f.

v. Chr.	a. u. c.	
145	609	Q. Fabius Q. f. Maximus Aemilianus, L. Hostilius L. f. Mancinus
144	610	Ser. Sulpicius Ser. f. Galba, L. Aurelius L. ?f. Cotta
143	611	Ap. Claudius C. f. Pulcher, Q. Caecilius Q. f. Metellus Macedonicus
142	612	L. Caecilius Q. f. Metellus Calvus, Q. Fabius Q. f. Maximus Servilianus
141	613	Cn. Servilius Cn. f. Caepio, Q. Pompeius A. f.
140	614	C. Laelius C. f., Q. Servilius Cn. f. Caepio
139	615	Cn. Calpurnius Piso, M. Popillius M. f. Laenas
138	616	P. Cornelius P. f. Scipio Nasica Serapio, D. Iunius M. f. Brutus (Callaicus)
137	617	M. Aemilius M. f. Lepidus Porcina, C. Hostilius A. f. Mancinus
136	618	L. ? Furius Philus, Sex. Atilius M. f. Serranus
135	619	Ser. Fulvius Q. f. Flaccus, Q. Calpurnius C. f. Piso
134	620	P. Cornelius P. f. Scipio Africanus Aemilianus II, C. Fulvius Q. f. Flaccus
133	621	P. Mucius P. f. Scaevola, L. Calpurnius L. f. Piso Frugi
132	622	P. Popillius C. f. Laenas, P. Rupilius P. f.
131	623	P. Licinius P. f. Dives Crassus Mucianus, L. Valerius L. f. Flaccus
130	624	L. Cornelius Lentulus, M. Perperna M. f. *Suff.:* Ap. Claudius Pulcher
129	625	C. Sempronius C. f. Tuditanus, M'. Aquillius M'. f.
128	626	Cn. Octavius Cn. f., T. Annius Rufus
127	627	L. Cassius Longinus Ravilla, L. Cornelius L. f. Cinna
126	628	M. Aemilius Lepidus, L. Aurelius L. f. Orestes

v. Chr.	a. u. c.	
125	629	M. Plautius Hypsaeus, M. Fulvius M. f. Flaccus
124	630	C. Cassius Longinus, C. Sextius C. f. Calvinus
123	631	Q. Caecilius Q. f. Metellus (Baliaricus), T. Quinctius T. f. Flamininus
122	632	Cn. Domitius Cn. f. Ahenobarbus, C. Fannius M. f.
121	633	L. Opimius Q. f., Q. Fabius Q. Aemiliani f. Maximus
120	634	P. Manilius P. ? f., C. Papirius C. f. Carbo
119	635	L. Caecilius L. f. Metellus (Delmaticus), L. Aurelius Cotta
118	636	M. Porcius M. f. Cato, Q. Marcius Q. f. Rex
117	637	L. Caecilius Q. f. Metellus Diadematus, Q. Mucius Q. f. Scaevola (*Augur*)
116	638	C. Licinius P. f. Geta, Q. Fabius Q. Serviliani f. Maximus Eburnus
115	639	M. Aemilius M. f. Scaurus, M. Caecilius Q. f. Metellus
114	640	M'. Acilius M'. f. Balbus, C. Porcius M. f. Cato
113	641	C. Caecilius Q. f. Metellus Caprarius, Cn. Papirius C. f. Carbo
112	642	M. Livius C. f. Drusus, L. Calpurnius L. f. Piso Caesoninus
111	643	P. Cornelius P. f. Scipio Nasica Serapio, L. Calpurnius Bestia
110	644	M. Minucius Q. f. Rufus, Sp. Postumius Albinus
109	645	Q. Caecilius L. f. Metellus (Numidicus), M. Iunius D. f. Silanus
108	646	Ser. Sulpicius Ser. f. Galba, Q. ? Hortensius *Suff.:* M. Aemilius Scaurus
107	647	L. Cassius L. f. Longinus, C. Marius C. f.
106	648	C. Atilius Serranus, Q. Servilius Cn. f. Caepio

v. Chr.	a. u. c.	
105	649	P. Rutilius P. f. Rufus,
		Cn. Mallius Cn. f. Maximus
104	650	C. Marius C. f. II, C. Flavius C. f. Fimbria
103	651	C. Marius C. f. III, L. Aurelius L. f. Orestes
102	652	C. Marius C. f. IV,
		Q. Lutatius Q. f. Catulus
101	653	C. Marius C. f. V, M'. Aquillius M'. f.
100	654	C. Marius C. f. VI, L. Valerius L. f. Flaccus
99	655	M. Antonius M. f., A. Postumius Albinus
98	656	Q. Caecilius Q. f. Metellus Nepos, T. Didius T. f.
97	657	Cn. Cornelius Cn. f. Lentulus,
		P. Licinius M. f. Crassus
96	658	Cn. Domitius Cn. f. Ahenobarbus,
		C. Cassius L. f. Longinus
95	659	L. Licinius L. f. Crassus,
		Q. Mucius P. f. Scaevola
94	660	C. Coelius C. f. Caldus,
		L. Domitius Cn. f. Ahenobarbus
93	661	C. Valerius C. f. Flaccus,
		M. Herennius M. f.
92	662	C. Claudius Ap. f. Pulcher, M. Perperna M. f.
91	663	L. Marcius Q. f. Philippus,
		Sex. Iulius C. f. Caesar
90	664	L. Iulius L. f. Caesar, P. Rutilius L. f. Lupus
89	665	Cn. Pompeius Sex. f. Strabo,
		L. Porcius M. f. Cato
88	666	L. Cornelius L. f. Sulla (Felix),
		Q. Pompeius Q. f. Rufus
87	667	Cn. Octavius Cn. f., L. Cornelius L. f. Cinna
		Suff.: L. Cornelius Merula
86	668	L. Cornelius L. f. Cinna II, C. Marius C. f. VII
		Suff.: L. Valerius C. ? f. Flaccus
85	669	L. Cornelius L. f. Cinna III,
		Cn. Papirius Cn. f. Carbo
84	670	Cn. Papirius Cn. f. Carbo II,
		L. Cornelius L. f. Cinna IV

v. Chr.	a. u. c.	
83	671	L. Cornelius L. f. Scipio Asiaticus, C. Norbanus
82	672	C. Marius C. f., Cn. Papirius Cn. f. Carbo III
81	673	M. Tullius M. f. Decula, Cn. Cornelius Cn. f. Dolabella
80	674	L. Cornelius L. f. Sulla Felix II, Q. Caecilius Q. f. Metellus Pius
79	675	P. Servilius C. f. Vatia (Isauricus), Ap. Claudius Ap. f. Pulcher
78	676	M. Aemilius Q. f. Lepidus, Q. Lutatius Q. f. Catulus
77	677	D. Iunius D. f. Brutus, Mam. Aemilius Mam. f. Lepidus Livianus
76	678	Cn. Octavius M. f., C. Scribonius C. f. Curio
75	679	L. Octavius Cn. f., C. Aurelius M. f. Cotta
74	680	L. Licinius L. f. Lucullus, M. Aurelius M. f. Cotta
73	681	M. Terentius M. f. Varro Lucullus, C. Cassius L. f. Longinus (Varus?)
72	682	L. Gellius L. f. Poplicola, Cn. Cornelius Cn. f. Lentulus Clodianus
71	683	P. Cornelius P. f. Lentulus Sura, Cn. Aufidius Cn. f. Orestes
70	684	Cn. Pompeius Cn. f. Magnus, M. Licinius P. f. Crassus
69	685	Q. Hortensius L. f. Hortalus, Q. Caecilius C. f. Metellus (Creticus)
68	686	L. Caecilius C. f. Metellus, Q. Marcius Q. f. Rex *Suff.:* Servilius Vatia
67	687	C. Calpurnius Piso, M'. Acilius M'. f. Glabrio
66	688	M'. Aemilius Lepidus, L. Volcatius Tullus
65	689	L. Aurelius M. f. Cotta, L. Manlius L. f. Torquatus
64	690	L. Iulius L. f. Caesar, C. Marcius C. f. Figulus
63	691	M. Tullius M. f. Cicero, C. Antonius M. f. Hybrida

v. Chr.	a. u. c.	
62	692	D. Iunius M. f. Silanus, L. Licinius L. f. Murena
61	693	M. Pupius M. f. Piso Frugi Calpurnianus, M. Valerius M. f. Messalla Niger
60	694	Q. Caecilius Q. f. Metellus Celer, L. Afranius A. f.
59	695	C. Iulius C. f. Caesar, M. Calpurnius C. f. Bibulus
58	696	L. Calpurnius L. f. Piso Caesoninus, A. Gabinius A. f.
57	697	P. Cornelius P. f. Lentulus Spinther, Q. Caecilius Q. f. Metellus Nepos
56	698	Cn. Cornelius P. f. Lentulus Marcellinus, L. Marcius L. f. Philippus
55	699	Cn. Pompeius Cn. f. Magnus II, M. Licinius P. f. Crassus II
54	700	L. Domitius Cn. f. Ahenobarbus, Ap. Claudius Ap. f. Pulcher
53	701	Cn. Domitius M. f. Calvinus, M. Valerius Messalla Rufus
52	702	Cn. Pompeius Cn. f. Magnus III, Q. Caecilius Q. f. Metellus Pius Scipio Nasica
51	703	Ser. Sulpicius Q. f. Rufus, M. Claudius M. f. Marcellus
50	704	L. Aemilius M. f. Paullus Lepidus, C. Claudius C. f. Marcellus
49	705	C. Claudius M. f. Marcellus, L. Cornelius P. f. Lentulus Crus
48	706	C. Iulius C. f. Caesar II, P. Servilius P. f. Vatia Isauricus
47	707	Q. Fufius Q. f. Calenus, P. Vatinius P. f.
46	708	C. Iulius C. f. Caesar III, M. Aemilius M. f. Lepidus
45	709	C. Iulius C. f. Caesar IV (*ohne Mitkonsul*) *Suff.:* Q. Fabius Q. f. Maximus, C. Trebonius C. f., C. Caninius C. f. Rebilus

v. Chr.	a. u. c.	
44	710	C. Iulius C. f. Caesar V, M. Antonius M. f. *Suff.:* P. Cornelius P. f. Dolabella
43	711	C. Vibius C. f. Pansa Caetronianus, A. Hirtius A. f. *Suff.:* C. Iulius C. f. Caesar (Octavianus), Q. Pedius (Q. f.?), P. Ventidius P. f., C. Carrinas C. f.
42	712	M. Aemilius M. f. Lepidus II, L. Munatius L. f. Plancus
41	713	L. Antonius M. f., P. Servilius P. f. Vatia Isauricus II
40	714	Cn. Domitius M. f. Calvinus II, C. Asinius Cn. f. Pollio *Suff.:* L. Cornelius L. f. Balbus, P. Canidius P. f. Crassus
39	715	L. Marcius L. f. Censorinus, C. Calvisius C. f. Sabinus *Suff.:* C. Cocceius (Balbus), P. Alfenus P. f. Varus
38	716	Ap. Claudius C. f. Pulcher, C. Norbanus C. f. Flaccus *Suff.:* L. Cornelius Lentulus, L. Marcius L. f. Philippus
37	717	M. Vipsanius L. f. Agrippa, L. Caninius L. f. Gallus *Suff.:* T. Statilius T. f. Taurus
36	718	L. Gellius L. f. Poplicola, M. Cocceius Nerva *Suff.:* L. Nonius (L. f. Asprenas), Marcius
35	719	L. Cornificius L. f., Sex. Pompeius Sex. f. *Suff.:* P. Cornelius (P. f. Scipio), T. Peducaeus
34	720	M. Antonius M. f. II, L. Scribonius L. f. Libo *Suff.:* L. Sempronius L. f. Atratinus, Paullus Aemilius L. f. Lepidus, C. Memmius C. f., M. Herennius

v. Chr.	a. u. c.	
33	721	Imp. Caesar Divi f. II, L. Volcatius L. f. Tullus *Suff.:* L. Autronius P. f. Paetus, L. Flavius, C. Fonteius C. f. Capito, M. Acilius (M'. f. ?) Glabrio, L. Vinicius M. f., Q. Laronius
32	722	Cn. Domitius L. f. Ahenobarbus, C. Sosius C. f. *Suff.:* L. Cornelius, M. Valerius Messalla
31	723	Imp. Caesar Divi f. III, M. Valerius M. f. Messalla Corvinus *Suff.:* M. Titius L. f., Cn. Pompeius Q. f.
30	724	Imp. Caesar Divi f. IV, M. Licinius M. f. Crassus *Suff.:* C. Antistius C. f. Vetus, M. Tullius M. f. Cicero, L. Saenius L. f.
29	725	Imp. Caesar Divi f. V, Sex. Appuleius Sex. f. *Suff.:* Potitus Valerius M. f. Messalla
28	726	Imp. Caesar Divi f. VI, M. Vipsanius L. f. Agrippa II
27	727	Imp. Caesar Divi f. VII, M. Vipsanius L. f. Agrippa III
26	728	Imp. Caesar Divi f. Augustus VIII, T. Statilius T. f. Taurus II
25	729	Imp. Caesar Divi f. Augustus IX, M. Iunius M. f. Silanus
24	730	Imp. Caesar Divi f. Augustus X, C. Norbanus C. f. Flaccus
23	731	Imp. Caesar Divi f. Augustus XI, A. Terentius A. f. Varro Murena *Suff.:* L. Sestius P. f. Quirinalis, Cn. Calpurnius Cn. f. Piso
22	732	M. Claudius M. f. Marcellus Aeserninus, L. Arruntius L. f.
21	733	M. Lollius M. f., Q. Aemilius M'. f. Lepidus
20	734	M. Appuleius Sex. f., P. Silius P. f. Nerva
19	735	C. Sentius C. f. Saturninus, Q. Lucretius Q. f. Vespillo *Suff.:* M. Vinicius P. f.

v. Chr.	a. u. c.	
18	736	P. Cornelius P. f. Lentulus Marcellinus, Cn. Cornelius L. f. Lentulus
17	737	C. Furnius C. f., C. Iunius C. f. Silanus
16	738	L. Domitius Cn. f. Ahenobarbus, P. Cornelius P. f. Scipio *Suff.:* L. Tarius Rufus
15	739	M. Livius L. f. Drusus Libo, L. Calpurnius L. f. Piso Frugi (Pontifex)
14	740	M. Licinius M. f. Crassus, Cn. Cornelius Cn. f. Lentulus (Augur)
13	741	Ti. Claudius Ti. f. Nero, P. Quinctilius Sex. f. Varus
12	742	M. Valerius M. f. Messalla Barbatus Appianus, P. Sulpicius P. f. Quirinius *Suff.:* C. Valgius C. f. Rufus, C. Caninius C. f. Rebilus, L. Volusius Q. f. Saturninus
11	743	Q. Aelius Q. f. Tubero, Paullus Fabius Q. f. Maximus
10	744	Africanus Fabius Q. f. Maximus, Iullus Antonius M. f.
9	745	Nero Claudius Ti. f. Drusus, T. Quinctius T. f. Crispinus (Sulpicianus)
8	746	C. Marcius L. f. Censorinus, C. Asinius C. f. Gallus
7	747	Ti. Claudius Ti. f. Nero II, Cn. Calpurnius Cn. f. Piso
6	748	D. Laelius D. f. Balbus, C. Antistius C. f. Vetus
5	749	Imp. Caesar Divi f. Augustus XII, L. Cornelius P. f. Sulla *Suff.:* L. Vinicius L. f., Q. Haterius, C. Sulpicius C. f. Galba
4	750	C. Calvisius C. f. Sabinus, L. Passienus Rufus *Suff.:* C. Caelius, Galus Sulpicius
3	751	L. Cornelius L. f. Lentulus, M. Valerius M. f. Messalla Messallinus

v. Chr.	a. u. c.	
2	752	Imp. Caesar Divi f. Augustus XIII, M. Plautius M. f. Silvanus *Suff.:* L. Caninius L. f. Gallus, C. Fufius Geminus, Q. Fabricius
1	753	Cossus Cornelius Cn. f. Lentulus, L. Calpurnius Cn. f. Piso (*Augur*) *Suff.:* A. Plautius, A. Caecina (Severus)
n. Chr.		
1	754	C. Caesar Aug. f., L. Aemilius Paulli f. Paullus *Suff.:* M. Herennius M. f. Picens
2	755	P. Vinicius M. f., P. Alfenus P. f. Varus *Suff.:* P. Cornelius Cn. f. (Lentulus) Scipio, T. Quinctius T. f. Crispinus Valerianus
3	756	L. Aelius L. f. Lamia, M. Servilius M. f. *Suff.:* P. Silius P. f., L. Volusius L. f. Saturninus
4	757	Sex. Aelius Q. f. Catus, C. Sentius C. f. Saturninus *Suff.:* Cn. Sentius C. f. Saturninus, C. Clodius C. f. Licinus
5	758	L. Valerius Potiti f. Messalla Volesus, Cn. Cornelius L. f. Cinna Magnus *Suff.:* C. Vibius C. f. Postumus, C. Ateius L. f. Capito
6	759	M. Aemilius Paulli f. Lepidus, L. Arruntius L. f. *Suff.:* L. Nonius L. f. Asprenas
7	760	Q. Caecilius Q. f. Metellus Creticus Silanus, A. Licinius A. f. Nerva Silianus *Suff.:* Lucilius Longus
8	761	M. Furius P. f. Camillus, Sex. Nonius L. f. Quinctilianus *Suff.:* L. Apronius C. f., A. Vibius C. f. Habitus
9	762	C. Poppaeus Q. f. Sabinus, Q. Sulpicius Q. f. Camerinus *Suff.:* M. Papius M. f. Mutilus, Q. Poppaeus Q. f. Secundus

n. Chr.	a. u. c.	
10	763	P. Cornelius P. f. Dolabella, C. Iunius C. f. Silanus *Suff.:* Ser. Cornelius Cn. f. Lentulus Maluginensis, Q. Iunius Blaesus
11	764	M'. Aemilius Q. f. Lepidus, T. Statilius T. f. Taurus *Suff.:* L. Cassius L. f. Longinus
12	765	Germanicus Ti. f. Caesar, C. Fonteius C. f. Capito *Suff.:* C. Visellius C. f. Varro
13	766	C. Silius P. f. A. Caecina Largus, L. Munatius L. f. Plancus
14	767	Sex. Pompeius Sex. f., Sex. Appuleius Sex. f.
15	768	Drusus Caesar, C. Norbanus Flaccus
16	769	Sisenna Statilius Taurus, L. Scribonius Libo
17	770	L. Pomponius Flaccus, C. Caelius Rufus (*oder* Nepos)
18	771	Ti. Caesar Augustus III, Germanicus Caesar II
19	772	M. Iunius Silanus Torquatus, L. Norbanus Balbus
20	773	M. Valerius Messalla Messallinus, M. Aurelius Cotta Maximus Messallinus
21	774	Ti. Caesar IV, Drusus Caesar II
22	775	D. Haterius Agrippa, C. Sulpicius Galba
23	776	C. Asinius Pollio, C. Antistius Vetus
24	777	Ser. Cornelius Cethegus, L. Visellius Varro
25	778	Cossus Cornelius Lentulus, M. Asinius Agrippa
26	779	Cn. Cornelius Lentulus Gaetulicus, C. Calvisius Sabinus
27	780	L. Calpurnius Piso, M. Licinius Crassus Frugi
28	781	C. Appius Iunius Silanus, P. Silius Nerva
29	782	C. Fufius Geminus, L. Rubellius Geminus
30	783	M. Vinicius, L. Cassius Longinus
31	784	Ti. Caesar V, L. Aelius Seianus
32	785	Cn. Domitius Ahenobarbus, L. Arruntius (Furius) Camillus Scribonianus

n. Chr.	a. u. c.	
33	786	L. Livius Ocella Sulpicius Galba, L. Cornelius Sulla Felix
34	787	Paullus Fabius Persicus, L. Vitellius
35	788	C. Cestius Gallus, M. Servilius Nonianus
36	789	Sex. Papinius Allenius, Q. Plautius
37	790	Cn. Acerronius Proculus, C. Petronius Pontius Nigrinus
38	791	M. Aquila Iulianus, P. Nonius Asprenas
39	792	C. Caesar Augustus Germanicus II, L. Apronius Caesianus
40	793	C. Caesar III, [C. Laecanius Bassus]
41	794	C. Caesar IV, Cn. Sentius Saturninus
42	795	Ti. Claudius Caesar Augustus Germanicus II, C. Caecina Largus
43	796	Ti. Claudius III, L. Vitellius II
44	797	T. Statilius Taurus, C. (Sallustius) Passienus Crispus II
45	798	M. Vinicius II, T. Statilius Taurus Corvinus
46	799	D. Valerius Asiaticus II, M. Iunius Silanus
47	800	Ti. Claudius IV, L. Vitellius III
48	801	A. Vitellius, L. Vipstanus Publicola Messalla
49	802	Q. Veranius, C. Pompeius Longinus Gallus
50	803	C. Antistius Vetus II, M. Suillius Nerullinus
51	804	Ti. Claudius V, Ser. Cornelius (Scipio) Salvidienus Orfitus
52	805	Faustus Cornelius Sulla Felix, L. Salvius Otho Titianus
53	806	D. Iunius Silanus Torquatus, Q. Haterius Antoninus
54	807	M'. Acilius Aviola, M. Asinius Marcellus
55	808	Nero Claudius Caesar Augustus Germanicus, L. Antistius Vetus
56	809	Q. Volusius Saturninus, P. Cornelius (Lentulus ?) Scipio
57	810	Nero II, L. Calpurnius Piso
58	811	Nero III, M. Valerius Messalla Corvinus

n. Chr.	a. u. c.	
59	812	C. Vipstanus Apronianus, C. Fonteius Capito
60	813	Nero IV, Cossus Cornelius Lentulus
61	814	P. Petronius Turpilianus, L. Caesennius Paetus
62	815	P. Marius, L. Afinius Gallus
63	816	C. Memmius Regulus, L. Verginius Rufus
64	817	C. Laecanius Bassus, M. Licinius Crassus Frugi
65	818	A. Licinius Nerva Silianus Firmus Pasidienus, M. (Iulius) Vestinus Atticus
66	819	C. Luccius Telesinus, C. Suetonius Paullinus II?
67	820	L. Iulius Rufus, Fonteius Capito
68	821	Ti. Catius Asconius Silius Italicus, P. Galerius Trachalus
69	822	Ser. Sulpicius Galba Imperator Caesar Augustus II, T. Vinius (Rufinus?)
70	823	Imp. Caesar Vespasianus Augustus II, Titus Caesar Vespasianus
71	824	Imp. Vespasianus III, M. Cocceius Nerva
72	825	Imp. Vespasianus IV, Titus Caesar II
73	826	Caesar Domitianus II, L. Valerius Catullus Messallinus
74	827	Imp. Vespasianus V, Titus Caesar III
75	828	Imp. Vespasianus VI, Titus Caesar IV
76	829	Imp. Vespasianus VII, Titus Caesar V
77	830	Imp. Vespasianus VIII, Titus Caesar VI
78	831	D. Iunius Novius Priscus (Rufus?), L. Ceionius Commodus
79	832	Imp. Vespasianus IX, Titus Caesar VII
80	833	Imp. Titus Caesar Vespasianus Augustus VIII, Caesar Domitianus VII
81	834	L. Flavius Silva Nonius Bassus, L.? Asinius Pollio Verrucosus
82	835	Imp. Domitianus VIII, T. Flavius Sabinus

n. Chr.	a. u. c.	
83	836	Imp. Domitianus IX, Q. Petillius Rufus II
84	837	Imp. Domitianus X, C. Oppius Sabinus
85	838	Imp. Domitianus XI, T. Aurelius Fulvus II
86	839	Imp. Domitianus XII, Ser. Cornelius Dolabella Petronianus
87	840	Imp. Domitianus XIII, L. Volusius Saturninus
88	841	Imp. Domitianus XIV, L. Minucius Rufus
89	842	T. Aurelius Fulvus, M. Asinius Atratinus
90	843	Imp. Domitianus XV, M. Cocceius Nerva II
91	844	M'. Acilius Glabrio, M. Ulpius Traianus
92	845	Imp. Domitianus XVI, Q. Volusius Saturninus
93	846	Sex. Pompeius Collega, Q. Peducaeus Priscinus
94	847	L. Nonius Calpurnius Asprenas Torquatus, T. Sextius Magius Lateranus
95	848	Imp. Domitianus XVII, T. Flavius Clemens
96	849	C. Manlius Valens, C. Antistius Vetus
97	850	Imp. Nerva Caesar Augustus III, L. Verginius Rufus III
98	851	Imp. Nerva IV, Imp. Caesar Nerva Traianus Augustus II
99	852	A. Cornelius Palma Frontonianus, Q. Sosius Senecio
100	853	Imp. Traianus III, Sex. Iulius Frontinus III
101	854	Imp. Traianus IV, Q. Articuleius Paetus
102	855	L. Iulius Ursus Servianus II, L. Licinius Sura II
103	856	Imp. Traianus V, M'. Laberius Maximus II
104	857	Sex. Attius Suburanus Aemilianus II, M. Asinius Marcellus
105	858	Ti. Iulius Candidus Marius Celsus II, C. Iulius Quadratus Bassus II
106	859	L. Ceionius Commodus, Sex. Vettulenus Civica Cerialis
107	860	L. Licinius Sura III, Q. Sosius Senecio II
108	861	Ap. Annius Trebonius Gallus, M. Atilius Metilius Bradua

n. Chr.	a. u. c.	
109	862	A. Cornelius Palma Frontonianus II, P. Calvisius Tullus Ruso
110	863	M. Peducaeus Priscinus, Ser. (Cornelius) Scipio Salvidienus Orfitus
111	864	C. Calpurnius Piso, M. Vettius Bolanus
112	865	Imp. Traianus VI, T. Sextius Africanus
113	866	L. Publilius Celsus II, C. Clodius Crispinus
114	867	Q. Ninnius Hasta, P. Manilius Vopiscus Vicinillianus
115	868	L. Vipstanus Messalla, M. Pedo Vergilianus
116	869	L. Fundanius Lamia Aelianus, Sex. Carminius Vetus
117	870	Q. Aquilius Niger, M. Rebilus Apronianus
118	871	Imp. Caesar Traianus Hadrianus Augustus II, Cn. Pedanius Fuscus Salinator
119	872	Imp. Hadrianus III, P. Dasumius Rusticus
120	873	L. Catilius Severus Iulianus Claudius Reginus II, T. Aurelius Fulvius Boionius Arrius Antoninus
121	874	M. Annius Verus II, Cn. Arrius Augur
122	875	M'. Acilius Aviola, Corellius Pansa
123	876	Q. Articuleius Paetinus, L. Venuleius Apronianus Octavius Priscus
124	877	M'. Acilius Glabrio, C. Bellicius Flaccus Torquatus Tebanianus
125	878	M. Lollius Paullinus D. Valerius Asiaticus Saturninus II, L. Epidius Titius Aquilinus
126	879	M. Annius Verus III, C. Eggius Ambibulus
127	880	T. Atilius Rufus Titianus, M. Gavius (Claudius) Squilla Gallicanus
128	881	L. Nonius Calpurnius Asprenas Torquatus II, M. Annius Libo
129	882	P. Iuventius Celsus T. Aufidius Hoenius Severianus II, L. Neratius Marcellus II
130	883	Q. Fabius Catullinus, M. Flavius Aper
131	884	M. Ser. Octavius Laenas Pontianus, M. Antonius Rufinus

n. Chr.	a. u. c.	
132	885	C. Iunius Serius Augurinus, C. Trebius Sergianus
133	886	M. Antonius Hiberus, P. Mummius Sisenna
134	887	L. Iulius Ursus Servianus III, T. Vibius Varus
135	888	L. Tutilius Lupercus Pontianus, P. Calpurnius Atilianus (Atticus Rufus ?)
136	889	L. Ceionius Commodus, Sex. Vet(t)ulenus Civica Pompeianus
137	890	L. Aelius Caesar II, P. Coelius Balbinus Vibullius Pius
138	891	Canus Iunius Niger, C. Pomponius Camerinus
139	892	Imp. Caesar T. Aelius Hadrianus Antoninus Augustus Pius II, C. Bruttius Praesens L. Fulvius Rusticus II
140	893	Imp. Antoninus Pius III, M. Aelius Aurelius Verus Caesar
141	894	T. Hoenius Severus, M. Peducaeus Stloga Priscinus
142	895	L. Cuspius Pactumeius Rufinus, L. Statius Quadratus
143	896	C. Bellicius Torquatus, L. Vibullius Hipparchus Ti. Claudius Atticus Herodes
144	897	L. Hedius Rufus Lollianus Avitus, T. Statilius Maximus
145	898	Imp. Antoninus Pius IV, M. Aurelius Caesar II
146	899	Sex. Erucius Clarus II, Cn. Claudius Severus Arabianus
147	900	C. Prastina Pacatus Messallinus, L. Annius Largus
148	901	L. Octavius Cornelius P. Salvius Iulianus Aemilianus, C. Bellicius Calpurnius Torquatus
149	902	Ser. Cornelius Scipio L. ? Salvidienus Orfitus, Q. (Pompeius) Sosius Priscus
150	903	M. Gavius Squilla Gallicanus, Sex. Carminius Vetus

n. Chr.	a. u. c.	
151	904	Sex. Quintilius Condianus, Sex. Quintilius Valerius Maximus
152	905	M'. Acilius Glabrio Cn. Cornelius Severus, M. Valerius Homullus
153	906	C. Bruttius Praesens, A. Iunius Rufinus
154	907	L. Aelius Aurelius Commodus, T. Sextius Lateranus
155	908	C. Iulius Severus, M. Iunius Rufinus Sabinianus
156	909	M. Ceionius Silvanus, C. Serius Augurinus
157	910	M. (Ceionius) Civica Barbarus, M. Metilius Aquillius Regulus Nepos Volusius Torquatus Fronto
158	911	Sex. Sulpicius Tertullus, Q. Tineius Sacerdos Clemens
159	912	Plautius Quintillus (Quintilius), M. Statius Priscus Licinius Italicus
160	913	Appius Annius Atilius Bradua, T. Clodius Vibius Varus
161	914	M. Aurelius Caesar III (*ab 7. März:* Imp. Caesar M. Aurelius Antoninus Augustus III), L. Aelius Aurelius Commodus II (*ab 7. März:* Imp. Caesar L. Aurelius Verus Augustus II)
162	915	Q. Iunius Rusticus II, L. Titius Plautius Aquilinus
163	916	M. Pontius Laelianus, A. Iunius Pastor L. Caesennius Sospes
164	917	M. Pompeius Macrinus, P. Iuventius Celsus
165	918	M. Gavius Orfitus, L. Arrius Pudens
166	919	Q. Servilius Pudens, L. (A.) Fufidius Pollio
167	920	Imp. L. Aurelius Verus III, M. Ummidius Quadratus
168	921	L. Venuleius Apronianus Octavius II, L. Sergius Paullus II

n. Chr.	a. u. c.	
169	922	Q. Pompeius Senecio Sosius Priscus, P. Coelius Apollinaris
170	923	C. Erucius Clarus, M. Gavius Cornelius Cethegus
171	924	T. Statilius Severus, L. Alfidius Herennianus
172	925	Ser. (Calpurnius) Scipio Orfitus, Quintilius Maximus
173	926	Cn. Claudius Severus II, Ti. Claudius Pompeianus II
174	927	L. Aurelius Gallus, Q. Volusius Flaccus Cornelianus
175	928	L. Calpurnius Piso, P. Salvius Iulianus
176	929	T. Pomponius Proculus Vitrasius Pollio II, M. Flavius Aper II
177	930	Imp. Caesar L. Aelius Aurelius Commodus Augustus, M. Peducaeus Plautius Quintillus
178	931	Ser. (Cornelius) Scipio (Salvidienus) Orfitus, D. Velius Rufus (Iulianus)
179	932	Imp. Commodus II, P. Martius Verus II
180	933	C. Bruttius Praesens II, Sex. Quintilius Condianus
181	934	Imp. Caesar M. Aurelius Commodus Antoninus Augustus III, L. Antistius Burrus
182	935	M. Petronius Sura Mamertinus, Q. Tineius Rufus
183	936	Imp. Commodus IV, C. Au[f]idius Victorinus
184	937	L. Cossonius Eggius Marullus, Cn. Papirius Aelianus
185	938	Maternus, Ti. Claudius M. Appius Atilius Bradua Regillus Atticus
186	939	Imp. Commodus V, M'. Acilius Glabrio II
187	940	L. Bruttius Quintius Crispinus, L. Roscius Aelianus Paculus
188	941	P. ? Seius Fuscianus II, M. Servilius Silanus II
189	942	Dulius Silanus, Q. Servilius Silanus

n. Chr.	a. u. c.	
190	943	Imp. Commodus VI, M. Petronius Sura Septimianus
191	944	Opilius Pedo Apronianus, M. Valerius Bradua Mauricus
192	945	Imp. Commodus VII, P. Helvius Pertinax II
193	946	Q. Pompeius Sosius Falco, C. Iulius Erucius Clarus Vibianus
194	947	Imp. Caesar L. Septimius Severus Pertinax Augustus II, D. Clodius Septimius Albinus Caesar II
195	948	P. Iulius Scapula Tertullus Priscus, Q. Tineius Clemens
196	949	C. Domitius Dexter II, L. Valerius Messalla Thrasea Priscus
197	950	T. Sextius Lateranus, L. Cuspius Rufinus
198	951	P. Martius Sergius Saturninus, L. Aurelius Gallus
199	952	P. Cornelius Anullinus II, M. Aufidius Fronto
200	953	Ti. Claudius Severus Proculus, C. Aufidius Victorinus
201	954	L. Annius Fabianus, M. Nonius Arrius Mucianus
202	955	Imp. Severus III, Imp. Caesar M. Aurelius Severus Antoninus Augustus
203	956	C. Fulvius Plautianus II, P. Septimius Geta II
204	957	L. Fabius Cilo Septiminus Catinius Acilianus Lepidus Fulcinianus II, M. Annius Flavius Libo
205	958	Imp. Antoninus II, P. Septimius Geta Caesar
206	959	M. Nummius Umbrius Primus Senecio Albinus, Fulvius (Gavius Numisius Petronius ?) Aemilianus
207	960	(L. ?) Annius Maximus, L. Septimius Aper
208	961	Imp. Antoninus III, Geta Caesar II
209	962	L. Aurel(l)ius Commodus Pompeianus, Lollianus Gentianus Avitus

n. Chr.	a. u. c.	
210	963	M'. Acilius Faustinus, A. Triarius Rufinus
211	964	Terentius Gentianus, Bassus
212	965	C. Iulius Asper II, C. Iulius Galerius Asper
213	966	Imp. Antoninus IV, D. Caelius (Calvinus) Balbinus II
214	967	L. Valerius Messalla (Apollinaris ?), C. Octavius Appius Suetrius Sabinus
215	968	(Q.) Maecius Laetus II, M. Munatius Sulla Cerialis
216	969	P. Catius Sabinus II, P. Cornelius Anullinus
217	970	C. Bruttius Praesens, T. Messius Extricatus II
218	971	Imp. Caesar M. Opellius Severus Macrinus Augustus M. Oclatinius Adventus. *Ab 8. Juni:* Imp. Caesar M. Aurelius Antoninus Augustus (Elagabalus)
219	972	Imp. Antoninus II, Q. Tineius Sacerdos II
220	973	Imp. Antoninus III, P. Valerius Comazon Eutychianus
221	974	C. Vettius Gratus Sabinianus, M. Flavius Vitellius Seleucus
222	975	Imp. Antoninus IV, M. Aurelius Severus Alexander Caesar
223	976	L. Marius Maximus Perpetuus Aurelianus II, L. Roscius Aelianus Paculus Salvianus Iulianus
224	977	Ap. Claudius Iulianus II, C. Bruttius Crispinus
225	978	Ti. Manilius Fuscus II, Ser. Calpurnius Domitius Dexter
226	979	Imp. Severus Alexander II, C. Aufidius Marcellus II
227	980	M. Nummius Senecio Albinus, M. Laelius (Fulvius ?) Maximus Aemilianus
228	981	Q. Aiacius Modestus Crescentianus II, M. (Pomponius ?) Maecius Probus
229	982	Imp. Severus Alexander III, Cassius Dio Cocceianus II

n. Chr.	a. u. c.	
230	983	L. Virius Agricola, Sex. Catius Clementinus Priscillianus
231	984	Claudius Pompeianus, T. Flavius Sallustius Paelignianus
232	985	L. Virius Lupus (Iulianus?), L. Marius Maximus
233	986	L. Valerius Maximus, Cn. Cornelius Paternus
234	987	M. Clodius Pupienus Maximus II, [Su?]lla Urbanus
235	988	Cn. Claudius Severus, L. Ti. Claudius Aurelius Quintianus
236	989	Imp. Caesar C. Iulius Verus Maximinus Augustus, M. Pupienius Africanus
237	990	L. Marius Perpetuus, L. Mummius Felix Cornelianus
238	991	(C.?) Fulvius Pius, Pontius Proculus Pontianus
239	992	Imp. Caesar M. Antonius Gordianus Augustus, M'. Acilius Aviola
240	993	Sabinus II, Se[ius?] Venustus
241	994	Imp. Gordianus II, (Clodius) Pompeianus
242	995	C. Vettius Gratus Atticus Sabinianus, C. Asinius Lepidus Praetextatus
243	996	L. Annius Arrianus, C. Cervonius Papus
244	997	Ti. Pollenius Armenius Peregrinus, Fulvius Aemilianus
245	998	Imp. Caesar M. Iulius Philippus Augustus, C. Maesius Titianus
246	999	C. Bruttius Praesens, C. All[--] Albinus
247	1000	Imp. Philippus II, Imp. Caesar M. Iulius Severus Philippus
248	1001	Imp. Philippus III, Imp. Philippus II
249	1002	Fulvius Aemilianus II, L. Naevius Aquilinus
250	1003	Imp. Caesar C. Messius Quintus Traianus Decius II, Vettius Gratus
251	1004	Imp. Decius (Divus Decius) III, Q. Herennius Etruscus Messius Decius Caesar

n. Chr.	a. u. c.	
252	1005	Imp. Caesar C. Vibius Trebonianus Gallus Augustus II, Imp. Caesar C. Vibius Afinius Gallus Veldumnianus Volusianus Augustus
253	1006	Imp. Volusianus II, Valerius Maximus
254	1007	Imp. Caesar P. Licinius Valerianus Augustus, Imp. Caesar P. Licinius Egnatius Gallienus Augustus
255	1008	Imp. Valerianus III, Imp. Gallienus II
256	1009	L. Valerius Maximus II, M. Acilius Glabrio
257	1010	Imp. Valerianus IV, Imp. Gallienus III
258	1011	M. Nummius Tuscus, Mummius Bassus
259	1012	(Nummius) Aemilianus (Dexter), (Ti. Pomponius) Bassus
260	1013	P. Cornelius Saecularis II, C. Iunius Donatus II
261	1014	Imp. Gallienus IV, L. Petronius Taurus Volusianus *In Gallien:* Imp. Caesar M. Cassianius Latinius Postumus Augustus II
262	1015	Imp. Gallienus V, Nummius Faustianus *In Gallien:* Imp. Postumus III
263	1016	(M.) Nummius (Ceionius) Albinus II, Dexter (*oder* Maximus)
264	1017	Imp. Gallienus VI, Saturninus
265	1018	(Licinius) Valerianus II, Lucillus
266	1019	Imp. Gallienus VII, Sabinillus
267	1020	Paternus, Arc(h)esilaus *In Gallien:* Imp. Postumus IV, M. Piavonius Victorinus
268	1021	(Aspasius ?) Paternus II, (Egnatius ?) Marinianus
269	1022	Imp. Caesar M. Aurelius Valerius Claudius Augustus, Paternus *In Gallien:* Imp. Postumus V
270	1023	Flavius Antiochianus II, Virius Orfitus *In Gallien:* Imp. Victorinus Augustus II, Sanctus (*oder 271*)

n. Chr.	a. u. c.	
271	1024	Imp. Caesar L. Domitius Aurelianus Augustus, Pomponius Bassus II
272	1025	(Postumius) Quietus, (Iunius) Veldumnianus *In Gallien:* Imp. Caesar C. Pius Esuvius Tetricus Augustus
273	1026	M. Claudius Tacitus, Iulius Placidianus *In Gallien:* Imp. Tetricus II
274	1027	Imp. Aurelianus II, Capitolinus *In Gallien:* Imp. Tetricus III
275	1028	Imp. Aurelianus III, Marcellinus
276	1029	Imp. Tacitus II, Aemilianus
277	1030	Imp. Caesar M. Aurelius Probus Augustus, Paulinus
278	1031	Imp. Probus II, Virius Lupus
279	1032	Imp. Probus III, Nonius Paternus II
280	1033	Messalla, Gratus
281	1034	Imp. Probus IV, C. Iunius Tiberianus
282	1035	Imp. Probus V, Pomponius Victorianus
283	1036	Imp. Caesar M. Aurelius Carus Augustus II, Imp. Caesar M. Aurelius Carinus
284	1037	Imp. Carinus II, Imp. Caesar M. Aurelius Numerius Numerianus Augustus
285	1038	Imp. Carinus III, T. Claudius M. Aurelius Aristobulus *Nach dem Tod von Carinus:* Imp. Caesar C. Aurelius Valerius Diocletianus Augustus II
286	1039	M. Iunius Maximus II, Vettius Aquilinus
287	1040	Imp. Diocletianus III, Imp. Caesar M. Aurelius Valerius Maximianus Augustus
288	1041	Imp. Maximianus II, Pomponius Ianuarianus
289	1042	L. Ragonius Quintianus, M. Magrius Bassus
290	1043	Imp. Diocletianus IV, Imp. Maximianus III
291	1044	C. Iunius Tiberianus II, Cassius Dio
292	1045	Afranius Hannibalianus, Iulius Asclepiodotus
293	1046	Imp. Diocletianus V, Imp. Maximianus IV

n. Chr.	a. u. c.	
294	1047	C. Flavius Valerius Constantius Nobilissimus Caesar, C. Galerius Valerius Maximianus Nobilissimus Caesar
295	1048	Nummius Tuscus, C. Annius Anullinus
296	1049	Imp. Diocletianus VI, Constantius Caesar II
297	1050	Imp. Maximianus V, Maximianus Caesar II
298	1051	(M. Iunius Caesonius Nicomachus) Anicius Faustus (Paulinus) II, Virius Gallus
299	1052	Imp. Diocletianus VII, Imp. Maximianus VI
300	1053	Constantius Caesar III, Maximianus Caesar III
301	1054	T. Flavius Postumius Titianus II, Virius Nepotianus
302	1055	Constantius Caesar IV, Maximianus Caesar IV
303	1056	Imp. Diocletianus VIII, Imp. Maximianus VII
304	1057	Imp. Diocletianus IX, Imp. Maximianus VIII
305	1058	Constantius Caesar V, Maximianus Caesar V
306	1059	Flavius Valerius Constantius Augustus VI, C. Galerius Valerius Maximianus Augustus VI
307	1060	*Im Westen:* Maximianus IX, Flavius Valerius Constantinus Nobilissimus Caesar *In Rom:* Maximianus IX, C. Valerius Galerius Maximinus Nobilissimus Caesar *Im Osten:* Flavius Valerius Severus Augustus, C. Valerius Galerius Maximinus Nobilissimus Caesar
308	1061	Diocletianus X, Galerius Maximianus VII *In Rom:* M. Aurelius Valerius Maxentius Augustus, M. Valerius Romulus
309	1062	*In Rom:* Maxentius II, M. Valerius Romulus II *Im Osten:* Valerius Licinianus Licinius Augustus, L. Flavius Valerius Constantinus Augustus
310	1063	*In Rom:* Maxentius III *Im Osten:* Tatius Andronicus, Pompeius Probus
311	1064	Galerius Maximianus VIII, C. Valerius Galerius Maximinus Augustus II

n. Chr.	a. u. c.	
312	1065	Constantinus II, Licinius II *In Rom:* Maxentius IV
313	1066	Constantinus III, Licinius III *In Rom:* Maximinus III
314	1067	C. Caeionius (Ceionius) Rufius Volusianus II, Petronius Annianus
315	1068	Constantinus IV, Licinius IV
316	1069	Antonius Caecina ? Sabinus, Vettius Rufinus
317	1070	Ovinius Gallicanus, Caesonius Bassus
318	1071	Licinius V, Flavius Iulius Valerius Crispus Nobilissimus Caesar
319	1072	Constantinus V, Valerius Licinianus Licinius Nobilissimus Caesar
320	1073	Constantinus VI, Fl. Claudius Constantinus Nobilissimus Caesar
321	1074	*Im Westen:* Crispus Caesar II, Constantinus Caesar II *Im Osten:* Licinius VI, Licinius Caesar II
322	1075	Petronius Probianus, Amnius Anicius Iulianus
323	1076	Acilius Severus, Vettius Rufinus
324	1077	Crispus Caesar III, Constantinus Caesar III
325	1078	Sex. Anicius (Faustus) Paulinus II, P. Iulius Iulianus
326	1079	Constantinus VII, Flavius Iulius Constantius Nobilissimus Caesar
327	1080	Flavius Constantius, Valerius Maximus
328	1081	Flavius Ianuarinus, Vettius Iustus
329	1082	Constantinus VIII, Constantinus Caesar IV
330	1083	Flavius Gallicanus, Aurelius Valerius Tullianus Symmachus
331	1084	Iulius Annius Bassus, Flavius Ablabius
332	1085	L. Papius Pacatianus, M(a)ecilius Hilarianus
333	1086	Flavius Iulius Delmatius, Domitius Zenofilus
334	1087	Flavius Optatus, Amnius Manius Caesonius Nicomachus Anicius Paulinus

n. Chr.	a. u. c.	
335	1088	Flavius Iulius Constantius, Caeionius Rufius Albinus
336	1089	Virius Nepotianus, Tettius Facundus
337	1090	Flavius Felicianus, Fabius Titianus

Vgl. A. Degrassi: I Fasti Capitolini. Rom 1954. – A. Degrassi: I Fasti consolari dell'imperio romano. Rom 1952. – A. E. Samuel: Greek and Roman Chronology. München 1972. – U. Schillinger-Häfele: Consules, Augusti, Caesares. Datierung von römischen Inschriften und Münzen. Aalen 1986. – Für die republikanische Zeit vgl. T. R. S. Broughton: The Magistrates of the Roman Republic. 2 Bde. und Suppl.-Bd. Atlanta 1951–60. – Für die Spätantike vgl. The Prosopography of the Later Roman Empire. Hrsg. von A. H. M. Jones, J. R. Martindale und J. Morris. Bd. 1. Cambridge 1971. Nachdr. Ebd. 1975. S. 1041 ff. – Für Gallien vgl. I. König: Die gallischen Usurpatoren von Postumus bis Tetricus. München 1981.

28. Die römischen Kaiser von Augustus bis Justinian I.

Augustus (C. Octavius, *nach seiner Adoption durch Caesar* C. Iulius C. f. Caesar, *gewöhnlich jedoch* Octavianus *genannt*): Imp. Caesar Augustus	27 v. bis 14 n. Chr.
Tiberius (Ti. Claudius Nero, *nach seiner Adoption* Ti. Iulius Caesar): Ti. Caesar Augustus	14–37
Gaius (C. Iulius Caesar, *volkstümlich* Caligula): C. Caesar Augustus Germanicus	37–41
Claudius (Ti. Claudius Nero Drusus Germanicus): Ti. Claudius Caesar Augustus Germanicus	41–54
Nero (L. Domitius Ahenobarbus; *nach seiner Adoption* Ti. Claudius Drusus Germanicus Caesar): Nero (*später* Imp. Nero) Claudius Caesar Augustus Germanicus	54–68
Galba (L. Livius Ocella Ser. Sulpicius Galba): Ser. (Sulpicius) Galba Imp. Caesar Augustus	68–69
Otho (M. Salvius Otho): Imp. M. Otho Caesar Augustus	69
Vitellius (A. Vitellius): A. Vitellius Imp. Germanicus *oder* Germanicus Imp. Augustus	69

Vespasian (T. Flavius Vespasianus): Imp. Caesar Vespasianus Augustus 69–79
Titus (T. Flavius Vespasianus): Imp. Titus Caesar Vespasianus Augustus 79–81
Domitian (T. Flavius Domitianus): Imp. Caesar Domitianus Augustus 81–96
Nerva (M. Cocceius Nerva): Imp. Caesar Nerva Augustus 96–98
Traian (M. Ulpius Traianus): Imp. Caesar Nerva Traianus Augustus 98–117
Hadrian (P. Aelius Hadrianus): Imp. Caesar Traianus Hadrianus Augustus 117–138
Antoninus Pius (T. Aurelius Fulvus Boionius Arrius Antoninus, *nach seiner Adoption* T. Aelius Hadrianus Antoninus): Imp. Caesar T. Aelius Hadrianus Antoninus Augustus Pius 138–161
Marcus Aurelius (M. Annius Catilius Severus, *nach seiner Adoption* M. Aelius Aurelius Verus Caesar): Imp. Caesar M. Aurelius Antoninus Augustus 161–180
Lucius Verus (L. Ceionius Commodus Verus, *nach seiner Adoption* L. Aelius Aurelius Commodus Verus): Imp. Caesar L. Aurelius Verus Augustus 161–169
Commodus (M. Aurelius Commodus Antoninus *oder* L. Aelius Aurelius Commodus): Imp. Caesar M. Aurelius Commodus Antoninus Augustus 176–192
Pertinax: Imp. Caesar P. Helvius Pertinax Augustus 193
Didius Iulianus: Imp. Caesar M. Didius Severus Iulianus Augustus 193
Septimius Severus: Imp. Caesar L. Septimius Severus Pertinax Augustus 193–211
Clodius Albinus: Imp. Caesar D. Clodius Septimius Albinus Augustus 193–197
Pescennius Niger: Imp. Caesar C. Pescennius Niger Iustus Augustus 193–194
Caracalla (L. Septimius Bassianus, *ab 196* M. Aurelius Antoninus): Imp. Caesar M. Aurelius Antoninus Augustus 198–217

Geta (Lucius *oder* Publius): Imp. Caesar P. Septimius Geta Augustus 209–212
Macrinus: Imp. Caesar M. Opellius Macrinus Severus Augustus 217–218
Diadumenianus: M. Opellius Antoninus Diadumenianus Caesar 218
Elagabalus *oder* Heliogabalus (Varius Avitus Bassianus, *genannt* M. Aurelius Antoninus): Imp. Caesar M. Aurelius Antoninus Augustus 218–222
Severus Alexander (Alexianus Bassianus): Imp. Caesar M. Aurelius Severus Alexander Augustus 222–235
Maximinus (Thrax): Imp. Caesar C. Iulius Verus Maximinus Augustus 235–238
Gordian I.: Imp. Caesar M. Antonius Gordianus Sempronianus Romanus Africanus Senior Augustus 238
Gordian II.: Imp. Caesar M. Antonius Gordianus Sempronianus Africanus Iunior Augustus 238
Balbinus: Imp. Caesar D. Caelius Calvinus Balbinus Augustus 238
Pupienus: Imp. Caesar M. Clodius Pupienus Augustus 238
Gordian III.: Imp. Caesar M. Antonius Gordianus Augustus 238–244
Philippus Arabs: Imp. Caesar M. Iulius Philippus Augustus 244–249
Philippus II.: Imp. Caesar M. Iulius Severus Philippus Augustus 246–248
Decius: Imp. Caesar C. Messius Quintus Traianus Decius Augustus 249–251
Herennius Etruscus: Imp. Caesar Q. Herennius Etruscus Messius Decius Augustus 251
Hostilian: Imp. Caesar C. Valens Hostilianus Messius Quintus Augustus 251
Trebonianus Gallus: Imp. Caesar C. Vibius Trebonianus Gallus Augustus 251–253

Volusianus: Imp. Caesar C. Vibius Afinius Gallus Veldumnianus Volusianus Augustus	251–253
Aemilianus: Imp. Caesar M. Aemilius Aemilianus Augustus	253
Valerian: Imp. Caesar P. Licinius Valerianus Augustus	253–260
Gallienus: Imp. Caesar P. Licinius Egnatius Gallienus Augustus	253–268
Claudius II. Gothicus: Imp. Caesar M. Aurelius (Valerius) Claudius Augustus	268–270
Quintillus: Imp. Caesar M. Aurelius Claudius Quintillus Augustus	270

Gallisches Sonderreich (260–274)

Postumus: Imp. Caesar M. Cassianus Latinius Postumus Augustus	259/260–268/269
Laelianus: Imp. Caesar Ulpius Cornelius Laelianus Augustus	268/269
Marius: Imp. Caesar M. Aurelius Marius Augustus	268/269
Victorinus: Imp. Caesar M. Piavonius Victorinus Augustus	268/269–270
Tetricus I.: Imp. Caesar C. Pius Esuvius Tetricus Augustus Tetricus II.: Imp. Caesar C. Pius Esuvius Tetricus Augustus	270–273/274

Aurelian: Imp. Caesar L. Domitius Aurelianus Augustus	270–275
Tacitus: Imp. Caesar M. Claudius Tacitus Augustus	275–276
Florianus: Imp. Caesar M. Annius Florianus Augustus	276
Probus: Imp. Caesar M. Aurelius Probus Augustus	276–282
Carus: Imp. Caesar M. Aurelius Carus Augustus	282–283
Carinus: Imp. Caesar M. Aurelius Carinus Augustus	283–285
Numerianus: Imp. Caesar M. Aurelius Numerius Numerianus Augustus	283–284

Diocletian: Imp. Caesar C. Aurelius Valerius Diocletianus Augustus 284–305
Maximianus: Imp. Caesar M. Aurelius Valerius Maximianus Augustus 286–305

Britisches Sonderreich (286–296)

Carausius (M. Aurelius Maus(aeus?) Valerius Carausius): Imp. Caesar M. Aurelius Valerius Carausius Augustus 286–293
Allectus: Imp. Caesar Allectus Augustus 293–296

Constantius I.: Imp. Caesar M. (*oder* C.) Flavius Valerius Iulius Constantius Augustus 305–306
Galerius: Imp. Caesar C. Galerius Valerius Maximianus Augustus 305–311
Severus II.: Imp. Flavius Valerius Severus Augustus 306–307
Maximinus Daia: Imp. C. Galerius Valerius Maximinus Augustus 310–313
Licinius: Imp. Caesar Valerius Licinianus Licinius Augustus 308–324
Constantin I.: Imp. Caesar Flavius Valerius Constantinus Augustus 307–337
Constantin II.: D. N. Flavius Claudius Constantinus Augustus 337–340
Constans: D. N. Flavius Iulius Claudius Constans Augustus 337–350
Constantius II.: Imp. Caesar Flavius Iulius Constantius Augustus 337–361
Magnentius: D. N. Flavius Magnus Magnentius Augustus 350–353
Julian: Imp. Caesar Flavius Claudius Iulianus Augustus 361–363
Jovian: D. N. Flavius Iovianus Augustus 363–364
Valentinian I.: D. N. Flavius Valentinianus Augustus 364–375
Gratian: D. N. Flavius Gratianus Augustus 367–383
Valentinian II.: D. N. Flavius Valentinianus Iunior Augustus 375–392

Maximus: D. N. Magnus Maximus Augustus	383–388
Eugenius: D. N. Flavius Eugenius Augustus	392–394
Honorius: D. N. Flavius Honorius Augustus	393–423
Constantin III.: D. N. Flavius Claudius Constantinus Augustus	407–411
Jovin: D. N. Iovinus Augustus	411–413
Constantius III.: D. N. Flavius Constantius Augustus	421
Valentinian III.: D. N. Placidius Valentinianus Augustus	425–455
Petronius Maximus: D. N. Flavius ? Petronius Maximus Augustus	455
Avitus: D. N. M. Maecilius Avitus Augustus	455
Majorian: D. N. Flavius Iulius Valerius Maiorianus Augustus	457–461
Severus III.: D. N. Libius Severus Augustus	461–465
Anthemius: D. N. Procopius Anthemius Augustus	467–472
Glycerius: D. N. Glycerius Augustus	473–474
Julius Nepos: D. N. Flavius Iulius Nepos Augustus	474–475
Romulus Augustus: D. N. Romulus Augustus	476

Ostrom

Valens: D. N. Flavius Valens Augustus	364–378
Theodosius I.: D. N. Flavius Theodosius Augustus	379–395
Arcadius: D. N. Flavius Arcadius Augustus	383–408
Theodosius II.: D. N. Theodosius Augustus	402–450
Marcian: D. N. Marcianus Augustus	450–457
Leo I.: D. N. Leo Augustus	457–474
Zeno: D. N. Flavius Zeno Augustus	474–475
Basiliscus: D. N. Flavius Basiliscus Augustus	475–476
Marcus: D. N. Marcus Augustus	476
Zeno (zweite Regierung)	476–491
Anastasius I.: D. N. Flavius Anastasius Augustus	491–518
Justinus I.: D. N. Flavius Iustinus Augustus	518–527
Justinian I.: D. N. Flavius Petrus Sabbatius Iustinianus Augustus	527–565

III
Daten zur griechischen und römischen Geschichte

1. Vergleichende chronologische Tabelle zur frühen römischen Geschichte

Die Tabelle S. 132–135 soll einen Einblick in unterschiedliche Systeme geben, nach denen die Chronologie der frühen römischen Geschichte rekonstruiert wurde. Soweit möglich, wurden Ereignisse ausgewählt, die sowohl nach dem varronischen System wie nach dem von Diodor angewandten datiert wurden.

Die wichtigsten Daten der frühen römischen Geschichte waren die der Gründung der Stadt und des Beginns der Republik. Während Timaios das Gründungsjahr Roms mit dem Karthagos gleichsetzte – 38 Jahre vor der 1. Olympiade (813) –, nahmen Eratosthenes und nach ihm Cato dafür das 1. Jahr der 7. Olympiade an, 432 Jahre nach der Einnahme Trojas (752). Polybios und Diodor entschieden sich für das 2. Jahr der 7. Olympiade (751). Varro gab das 3. Jahr der 6. Olympiade an (754). Nach Berechnung der Königszeit fiel für Varro der Beginn der Republik auf das Jahr 509. Für eine vergleichende Zusammenstellung der chronologischen Systeme bietet sich Diodor an, der in den erhaltenen Teilen seines Werks, auch für die griechische Geschichte des 5. Jahrhunderts, in jedem Jahr neben dem eponymen athenischen Archonten die römischen Konsuln und in jedem vierten Jahr den Sieger bei den Olympischen Spielen in Elis erwähnt, so daß die Ereignisse aus der frühen römischen Geschichte im Rahmen seines chronologischen Systems genau datiert werden können.

Varro (a. u. c.)	v. Chr.	Innenpolitische Ereignisse
245	509	Abschaffung des Königtums. Einrichtung von zwei jährlichen Konsuln
259	495	
260	494	Erster Auszug der Plebs: Einrichtung des Volkstribunats
261	493	
262	492	
268	486	
269	485	Sturz des Sp. Cassius
277	477	
287	467	
303	451	Erstes Dezemvirat. Beginn der Veröffentlichung des Zwölftafelgesetzes
305	449	Zweiter Auszug der Plebs: *Leges Valeriae Horatiae*
309	445	*Lex Canuleia*
312	442	
323	431	
328	426	
348	406	
358	396	
364	390	
367	387	Einrichtung der Tribus Arnensis, Sabatina, Stellatina und Tromentina auf ehemals vejentischem Gebiet
369	385	
371	383	
372	382	
387	367	*Leges Liciniae Sextiae*

Außenpolitische Ereignisse	Diodor
Latinische Kolonie in Signia	
Latinische Kolonie in Velitrae	
Bund mit den Latinern	
Latinische Kolonie in Norba	
Bund mit den Hernikern	
	478
Schlacht bei Cremera	471
Latinische Kolonie in Antium	
	443
	441
Latinische Kolonie in Ardea	434
Niederlage der Volsker und Äquer am Berg Algidus und Niedergang ihrer Macht	
Krieg mit Fidenae	417
Beginn des Krieges mit Veii	402
Einnahme von Veii	392
Latinische Kolonie in Circeii	389
Gallischer Sieg an der Allia: Plünderung Roms	386
Latinische Kolonie in Satricum	
Latinische Kolonie in Sutrium und Nepete	
Latinische Kolonie in Setia	

Varro (a. u. c.)	v. Chr.	Innenpolitische Ereignisse
396	358	
397	357	Einrichtung der Tribus Pomptina und Popilia
400	354	
406	348	
414	340	
415	339	*Leges Publiliae*
416	338	Bürgerkolonie in Antium
420	334	Latinische Kolonie in Cales
421	333	»Diktatorjahr«
422	332	Einrichtung der Tribus Maecia und Scaptia
425	329	Bürgerkolonie in Tarracina
426	328	Latinische Kolonie in Fregellae
427	327	
430	324	»Diktatorjahr«
433	321	
436	318	Einrichtung der Tribus Falerna und Oufentina
441	313	Latinische Kolonien in Pontiae, Saticula und Suessa
442	312	Latinische Kolonie in Interamna
443	311	Ernennung von *duoviri navales*
445	309	»Diktatorjahr«
448	306	
450	304	Latinische Kolonien in Alba Fucens und Sora
453	301	»Diktatorjahr«
454	300	Lex Ogulnia
455	299	Einrichtung der Tribus Aniensis und Teretina. Latinische Kolonie in Narnia

Außenpolitische Ereignisse	Diodor
Erneuerung des Vertrags mit den Latinern	
Vertrag mit den Samniten	350
Erster Vertrag mit Karthago	343
Krieg mit den Latinern	336
Auflösung des Latinerbundes	
Ausbruch des Samnitenkrieges	
Niederlage der Römer bei Caudium	
	311
	310
Dritter Vertrag mit Karthago	
Friedensschluß mit den Samniten	303

2. Chronologischer Überblick über die griechische und römische Geschichte

Die Daten der griechischen Geschichte vor 500 v. Chr. sind ebenso wie die der römischen Geschichte in der frühen Republik nicht mehr sicher zu ermitteln. Für die römische Republik richten sie sich nach dem von Varro eingeführten System *ab urbe condita* und wurden in die christliche Zeitrechnung übersetzt.

v. Chr.	
776	Traditionelles Datum für die erste Aufzeichnung eines Siegers bei den Olympischen Spielen in Elis
um 756	Gründung von Kyzikos und Trapezos durch Milet
754	Beginn der Ephorenliste in Sparta
753	Varronisches Datum für die Gründung Roms
um 750	Griechische Kolonisation Ischias. Gründung von Kyme durch Chalkis
um 734	Gründung von Naxos durch Chalkis
um 733	Gründung von Syrakus durch Korinth
um 730	Gründung von Mende und Methone durch Eretreia
um 729	Gründung von Katane und Leontinoi durch Naxos
um 728	Gründung von Megara Hyblaia durch Megara
um 720	Gründung von Sybaris durch die Achaier
um 720	Spartanische Eroberung Messeniens
709	Sargon II. empfängt den Tribut der Könige von Zypern
um 708	Gründung von Kroton durch Achaia
um 706	Gründung von Tarent durch Sparta
um 700	Gründung von Poseidonia (Paestum) durch Sybaris
um 688	Gründung von Gela durch Rhodos und Kreta
685	Gründung von Chalkedon durch Megara
683	Beginn der jährlichen Archontenliste in Athen
um 673	Gründung von Lokroi durch Lokris. Tod Numas in Rom
um 669	Argivischer Sieg über Sparta bei Hysiai
um 660	Gründung von Byzantion durch Megara
um 660	Seeschlacht zwischen Korinth und Kerkyra

um 654	Gründung von Akanthos durch Andros, von Lampsakos durch Phokaia und Abdera durch Klazomene. Frühester griechischer Handelsstützpunkt in Südrußland
um 650	Kypselos wird Tyrann in Korinth
um 649	Gründung von Himera durch Zankle
648	6. April Sonnenfinsternis. Akme des Archilochos
um 640	Theagenes wird Tyrann von Megara. Frühester Termin für das Einsetzen der Münzprägung in Kleinasien. Kolaios von Samos erreicht die Straße von Gibraltar
um 632	Kylon versucht, Tyrann in Athen zu werden
um 630	Gründung von Kyrene durch Thera. Messenischer Aufstand gegen Sparta
um 629	Gründung von Sinope durch Milet
um 628	Gründung von Selinus durch Megara Hyblaia
um 627	Gründung von Epidamnos durch Korinth
um 625	Periander wird Tyrann von Korinth. Gründung von Ambrakia, Anaktoreion und Leukas durch Korinth
um 621	Gesetzgebung des Drakon in Athen
612	Fall Ninives. Ende des assyrischen Reiches
um 610	Thrasybulos wird Tyrann von Milet. Gründung von Naukratis
um 601	Gründung von Perinthos durch Samos
um 600	Kleisthenes wird Tyrann von Sikyon. Gründung von Massilia durch Phokaia, Potidaia und Apollonia durch Korinth und Pantikapaion durch Milet. Akme von Sappho, Alkaios und Pittakos in Mytilene
um 598	Gründung von Kamarina durch Syrakus
597	16. März: Eroberung Jerusalems durch Nebukadnezar II.
um 594	Solons Reformen in Athen
um 590	Einsetzen der aiginetischen Münzprägung
585	28. Mai: Sonnenfinsternis. Schlacht zwischen Kyaxares von Medien und Alyattes von Lydien
582	Damasias Archon in Athen. Erste Pythische Spiele
um 582	Ende der Tyrannis in Korinth

um 580	Gründung von Akragas durch Gela. Einsetzen der korinthischen Münzprägung
um 571–555	Phalaris Tyrann von Akragas
566	Die ersten Panathenäen in Athen
um 561/560	Erste Tyrannis des Peisistratos in Athen
um 560	Kroisos wird König von Lydien. Gründung von Alalia durch die Phokaier. Sparta beginnt den Krieg mit Tegea
um 559	Miltiades wird Tyrann in der thrakischen Chersones
556	Geburt des Simonides
um 556	Exil des Peisistratos
um 550	Einsetzen der athenischen Münzprägung
548	Zerstörung des delphischen Tempels durch Feuer
546	Der persische König Kyros unterwirft Lydien und die kleinasiatischen Griechen. Rückkehr des Peisistratos nach Athen
um 540	Zerstörung von Siris und Sybaris
539	Kyros unterwirft Babylon. Etruskische und karthagische Flotten schlagen die Phokaier bei Alalia (Korsika)
um 535	In der Folgezeit Gründung von Elea durch die Phokaier
um 534	Tarquinius Superbus letzter römischer König
um 530	Ankunft des Pythagoras in Kroton
um 528/527	Tod des Peisistratos
um 525	Der persische König Kambyses unterwirft Ägypten
524	Etruskische Niederlage bei Kyme, wo Aristodem die Macht übernimmt
um 523	Tod des Tyrannen von Samos, Polykrates
522	Dareios wird persischer König
um 519	Sieg der mit Plataiai verbündeten Athener über Theben
514	Ermordung des Hipparch durch Harmodios und Aristogeiton
um 512	Zug des persischen Königs Dareios nach Skythien. Eroberung von Thrakien
511	Spartanischer Feldzug gegen Athen

510	Zweiter spartanischer Feldzug unter Kleomenes gegen Athen. Sturz der Peisistratiden. Zerstörung von Sybaris durch Kroton
509	Sturz des letzten römischen Königs Tarquinius Superbus, Beginn der römischen Republik. Vertrag zwischen Rom und Karthago. Weihung des Jupitertempels auf dem Kapitol
508/507	Die Reformen des Kleisthenes in Athen
506	Die Athener besiegen die Boiotier und Chalkidier
499	Beginn des jonischen Aufstandes gegen Persien
499/498	Aristagoras, Tyrann von Milet, bittet Sparta und Athen um Hilfe gegen Persien
498	Entstehungszeit der 10. Pythischen Ode Pindars, des ältesten seiner uns überlieferten Gedichte
um 498	Die Jonier und ihre Verbündeten nehmen Sardes ein und zerstören es durch Feuer
um 496	Schlacht am See Regillus zwischen Römern und dem Latinerbund
um 495	Latinische Kolonie in Signia
um 494	Jonische Niederlage bei Lade. Milet von den Persern erobert und zerstört. Argivische Niederlage bei Sepeia gegen Sparta unter Kleomenes I. Anaxilaos wird Tyrann von Rhegion. Erster Auszug der Plebs in Rom. Latinische Kolonie in Velitrae
493	Themistokles Archon in Athen
um 493	Vertrag des Spurius Cassius mit den Latinern
492	Feldzug des Mardonios in Thrakien. Vernichtung eines Teils der persischen Flotte am Berg Athos
um 492	Prozeß gegen Miltiades in Athen. Latinische Kolonie in Norba
um 491	Gelon wird Tyrann von Gela
490	Persischer Feldzug gegen Griechenland. Zerstörung von Eretreia. Schlacht bei Marathon
um 489	Erfolgloser Feldzug des Miltiades gegen Paros. Prozeß gegen ihn in Athen und Verurteilung zu einer hohen Geldstrafe
488	Sieg Gelons in Olympia

488/487	Erster Ostrakismos in Athen: Hipparch ostrakisiert
487/486	Athenische Archonten nicht mehr direkt gewählt, sondern durch Los bestellt
um 487	Krieg zwischen Athen und Aigina
486	Ostrakismos des Megakles. Tod des Dareios. Römischer Vertrag mit den Hernikern
484	Ostrakismos des Xanthippos. Erster Sieg des Aischylos
483/482	Entdeckung einer neuen Silberader in den Bergwerken von Laureion führt zur Vergrößerung der athenischen Flotte
482	Ostrakismos des Aristides. Hieron siegt bei den Pythischen Spielen im Pferderennen
481	Xerxes fordert von Sardes aus die Unterwerfung der meisten griechischen Städte. Am Isthmos von Korinth schließen die antipersischen Städte Griechenlands eine Symmachie gegen die Perser
480	Einfall des Xerxes in Griechenland. Schlachten bei Artemision, den Thermopylen und Salamis. Anaxagoras in Athen. Die Karthager erleiden nach einem Einfall in Sizilien bei Himera eine Niederlage
479	Mardonios in Attica. Schlachten bei Plataiai und Mykale. Jonischer Abfall von Persien. Die Athener nehmen Sestos ein (Winter)
um 479	Niederlage der Römer und der Gens Fabia bei Cremera
479/478	Wiederaufbau der athenischen Mauern
478	Feldzug des Pausanias nach Zypern und Byzantion. Tod Gelons. Hieron wird Tyrann von Syrakus
477/476	Sieg des Simonides in einem dithyrambischen Wettstreit
478/477	Gründung des Delisch-Attischen Seebundes
476	Tod des Tyrannen von Rhegion, Anaxilaos
476/475	Feldzug Kimons in Thrakien
474	Niederlage der Etrusker bei Kyme gegen Hieron von Syrakus

472	Tod des Tyrannen von Akragas, Theron. Aufführung der *Perser* des Aischylos
um 471	Ostrakismos des Themistokles. *Lex Publilia Voleronis*
468	Erster Sieg des Sophokles
um 468/467	Abfall und Rückführung von Naxos in den Seebund
467	*Die Sieben gegen Theben* des Aischylos
um 467/466	Niederlage der Perser gegen die Athener unter Kimon in der Seeschlacht am Eurymedon
um 465	Austritt von Thasos aus dem Seebund
464	Erdbeben in Sparta. Aufstand der Heloten. Belagerung von Ithome durch die Spartaner
464–463	*Die Bittflehenden* des Aischylos
um 463/462	Kapitulation von Thasos
462	Spartanisches Hilfegesuch an Athen. Die Verfassungsreformen des Ephialtes in Athen. Sparta schickt das athenische Hilfsheer unter Kimon aus Messenien zurück nach Athen
um 462/461	Athenisches Bündnis mit Argos und Thessalien
461	Ostrakismos des Kimon. Ermordung des Ephialtes
460	Athenischer Feldzug nach Ägypten. Einnahme von Memphis
um 459/458	Athenische Niederlage bei Halieis. Schlacht bei Kekryphaleia. Anschluß Megaras an Athen. Krieg Athens gegen Korinth
458	Die *Orestie* des Aischylos
457	Bau der »Langen Mauern« in Athen. Zugang zum Archontat für die Zeugiten. Schlachten bei Tanagra und Oinophyta zwischen Athenern und Spartanern bzw. Athenern und Boiotiern. Athenische Eroberung Boiotiens
457/456	Einnahme Aiginas durch Athen
456	Tod des Aischylos
455	Erstes Werk des Euripides
454	Athenische Niederlage in Ägypten. Die Bundeskasse

des Delisch-Attischen Seebundes wird nach Athen überführt

um 454 Feldzug des Perikles nach Akarnanien

451 Fünfjähriger Waffenstillstand zwischen Athen und Sparta. Dreißigjähriger Friede zwischen Sparta und Argos

451/450 Bürgerrechtsgesetz des Perikles in Athen. Duketios Anführer der Sikeler

451–450 Dezemvirat in Rom. Veröffentlichung des Zwölftafelgesetzes

um 450 Tod des Themistokles

450–449 Zug Kimons gegen Zypern. Er stirbt bei der Belagerung von Kitaion

448 Frieden zwischen Athen und Persien (Kalliasfrieden). Auszug der Plebs in Rom. *Leges Valeriae Horatiae*. Spartanischer Feldzug gegen Delphi

447 Athenische Niederlage bei Koroneia und Verlust Boiotiens. Baubeginn des Parthenon. Athenische Kleruchien auf der thrakischen Chersones, Naxos und Andros gegründet

446 Aufstand von Megara und Euboia. Rückführung Euboias und Verlust Megaras

446/445 Dreißigjähriger Frieden zwischen Athen und Sparta. Letztes datierbares Gedicht von Pindar (8. Pythische Ode)

445 *Lex Canuleia* in Rom. Einrichtung von Militärtribunen mit konsularischer Gewalt

444/443 Panhellenische Gründung von Thurioi

443 Ostrakismos des Thukydides, Sohn des Melesias. Einrichtung der Zensur in Rom

442 Latinische Kolonie in Ardea

442–441 Erster Sieg des Euripides

441/440 Aufstand von Samos

439 Kapitulation von Samos vor den Athenern unter Perikles

438 Die *Alkestis* des Euripides. Weihung der Statue der Athena Parthenos des Phidias

437 Gründung von Amphipolis am Strymon durch die Athener
um 437 Flottenexpedition des Perikles in das Schwarze Meer
436 Geburt des Isokrates
435 Konflikt zwischen Korinth und Korkyra über Epidamnos. Korinthische Niederlage bei Leukimne
433 Athenisches Bündnis mit Korkyra. Niederlage von Athen und Korkyra gegen Korinth bei den Sybota-Inseln
433/432 Erneuerung der Bündnisse mit Rhegion und Leontinoi durch Athen
432 Austritt von Poteidaia aus dem Seebund. »Megarisches Psephisma«: Das Gebiet des Seebundes wird für Megara gesperrt. Der Kalender des Meton
432/431 Treffen der Peloponnesischen Liga in Sparta
431 Beginn des Peloponnesischen Krieges (Archidamischer Krieg: 431–421). Thebanischer Angriff auf Plataiai. Erster spartanischer Einfall in Attika unter Archidamos. Die *Medea* des Euripides. Römischer Sieg über Äquer und Volsker am Berg Algidus.
430 Zweiter spartanischer Einfall in Attika. Pest in Athen. Mißglückter Angriff des Perikles auf Epidauros. Anklage wegen Unterschlagung gegen Perikles und Verurteilung zu hoher Geldstrafe
429 Fall von Poteidaia. Athenischer Sieg unter Phormio gegen Korinther und Sikyonier bei Naupaktos. Beginn der Belagerung von Plataiai. Tod des Perikles
428 Dritter peloponnesischer Einfall in Attika. Aufstand von Mitylene. Der *Hippolytos* des Euripides. Tod des Anaxagoras. Geburt Platons
427 Vierter peloponnesischer Einfall in Attika. Fall von Mitylene und Plataiai. Bürgerkrieg in Korkyra. Gorgias von Leontinoi mit einer Gesandtschaft in Athen. Athenische Flottenexpedition nach Sizilien unter Laches
426 Unternehmungen des Demosthenes in Nordwestgriechenland. Gründung der Kolonie Herakleia in

Trachis durch die Spartaner. Krieg Roms mit Fidenae

425 Fünfter peloponnesischer Einfall in Attika. Befestigung von Pylos durch die Athener. Ablehnung eines spartanischen Friedensangebotes auf Drängen Kleons. Einnahme von Sphakteria durch Athen. Drastische Erhöhung der Tribute im attischen Seebund. Erhöhung der Richterdiäten durch Kleon. Vertreibung der Oligarchen aus Korkyra. Die *Acharnanier* des Aristophanes.

424 Athenische Niederlage bei Deleion. Einnahme von Amphipolis und Torone durch den Spartaner Brasidas. Verbannung des Thukydides. Kongreß der Sizilier in Gela. Die *Ritter* des Aristophanes

423 Einjähriger Waffenstillstand zwischen Athen und Sparta. Die *Wolken* des Aristophanes

422 Wiedereinnahme von Torone durch Kleon. Tod Kleons und des Brasidas bei Amphipolis. Friedensverhandlungen. Die *Wespen* des Aristophanes

421 Friedensschluß auf fünfzig Jahre (Nikiasfrieden) zwischen Athen und Sparta. Der *Frieden* des Aristophanes

421/420 Zugang für die Plebejer zur Quästur in Rom. Bündnis zwischen Sparta und Boiotien

420 Bündnis zwischen Athen und Sparta. Bündnis zwischen Korinth, Argos, Mantineia, Elis und Städten der Chalkidike. Einführung des Asklepioskultes in Athen

419 Bündnis zwischen Athen, Argos, Mantineia und Elis. Alkibiades und Nikias Strategen

418 Spartanischer Sieg über Argos bei Mantineia. Errichtung einer Oligarchie in Argos. Bündnis auf fünfzig Jahre zwischen Sparta und Argos

417 Ostrakismos des Demagogen Hyperbolos. Erneuerung des Bündnisses zwischen Athen und Argos

416 Einnahme des neutralen Melos durch Athen

415 Hermenfrevel in Athen. Athenische Flottenexpedi-

tion gegen Syrakus. Rückberufung des Alkibiades und seine Flucht nach Sparta. Die *Troerinnen* des Euripides

414 Belagerung von Syrakus. Die *Vögel* des Aristophanes

413 Spartanische Besetzung von Dekeleia in Attika. Niederlage der Athener in Sizilien

412 Abfallbewegung unter den Mitgliedern des Attischen Seebundes. Die *Helena* und die *Andromeda* des Euripides

411 Bündnis zwischen der Peloponnesischen Liga und Persien. Belagerung von Chios durch die Athener. Oligarchischer Umsturz in Athen: Herrschaft der Vierhundert, Beschränkung der Vollbürgerschaft auf 5000 Athener. Flotte und Heer der Athener in Samos bleiben der Demokratie treu. Nach der athenischen Niederlage bei Eretreia Entmachtung der Vierhundert und gemäßigte Verfassung der 5000

410 Peloponnesische Niederlage gegen die Athener unter Alkibiades bei Kyzikos. Spartanisches Friedensangebot von Athen abgelehnt. Wiederherstellung der Demokratie in Athen

409 Gründung der Polis von Rhodos. Athen gewinnt Byzantion und Chalkedon zurück. Sparta gewinnt Pylos. Karthagischer Feldzug gegen Sizilien. Zerstörung von Selinus und Himera. Der *Philoktetes* des Sophokles

408 Alkibiades athenischer Stratege. Unterstützung Spartas durch Persien. Der *Orest* des Euripides

407 Athenische Niederlage gegen Sparta unter dem Nauarchen Lysander bei Notion. Alkibiades abgesetzt

406 Sieg der athenischen Flotte über die peloponnesische bei den Arginuseninseln. Prozeß gegen die attischen Strategen und ihre Hinrichtung. Spartanisches Friedensangebot von Athen abgelehnt. Tod des Euripides und des Sophokles. Zweiter karthagischer Feldzug in Sizilien; Fall von Akragas

405 Vernichtung der athenischen Flotte bei Aigospota-

moi. Ende der attischen Seeherrschaft. Die *Frösche* des Aristophanes. Aufstieg des Dionysios; Frieden zwischen Karthago und Syrakus

405–404 Belagerung Athens durch Sparta

404 Kapitulation Athens. Frieden und Bündnis mit Sparta: Schleifung der »Langen Mauern« und der Piräus-Mauern. Reduzierung der Flotte auf zwölf Schiffe. Aufgabe aller attischen Besitzungen. Herrschaft der Dreißig in Athen. Tod des Alkibiades. Besetzung von Phyle und Piräus durch verbannte Demokraten unter Thrasybulos

403 Wiederherstellung der Demokratie in Athen. Sturz des Lysander

401 Feldzug des Kyros (Zug der Zehntausend). Schlacht bei Kunaxa. Rückzug der Zehntausend unter Xenophon. Postume Aufführung des *Ödipus auf Kolonos* von Sophokles

400 Spartanische Kriegserklärung an den Satrapen Tissaphernes. Feldzug des Spartaners Thibron in Kleinasien

399 Tod des spartanischen Königs Agis. Agesilaos wird Nachfolger. Tod des makedonischen Königs Archelaos. Tod des Sokrates. Rede des Andokides »Über die Mysterien«, Rede des Lysias gegen Nikomachos

398 Verschwörung des Kinadon in Sparta. Feldzug des Derkylidas, des Nachfolgers von Thibron, in Kleinasien. Einnahme von Motya durch Dionysios

397 Krieg zwischen Karthago und Syrakus. Gründung von Lilybaion

396 Agesilaos in Kleinasien. Sieg über Tissaphernes am Paktolos. Belagerung von Syrakus durch die Karthager. Rom erobert Veii

395 Ausbruch des Korinthischen Krieges. Niederlage und Tod Lysanders in der Schlacht bei Haliartos gegen die Boiotier. Angriff des Agesilaos auf Sardes und Phrygien

394 Rückberufung des Agesilaos. Vernichtung der sparta-

nischen Flotte bei Knidos durch Pharnabazos und den Athener Konon. Spartanische Siege bei Nemeia und Koroneia gegen ein Bündnis aus Theben, Argos, Athen, Korinth und mittelgriechischen Staaten

394–391 Wiederaufbau der »Langen Mauern« in Athen

393 Antalkidas mit spartanischem Friedensangebot bei Tiribazos (Winter). Latinische Kolonie in Circeii

392 Tod des Konon. Frieden zwischen Karthago und Syrakus. Die *Ekklesiazusen* des Aristophanes. Athenisch-spartanische Friedensverhandlungen in Sparta (Winter). Athenische Ablehnung der Bedingungen. Rede »Über den Frieden« des Andokides

390 Spartanische Niederlage gegen die Athener unter Iphikrates bei Lechaion. Eroberung von Samos durch eine spartanische Flotte. Belagerung von Rhegion durch Dionysios. Geburt des Aischines. Schlacht an der Allia zwischen Römern und Galliern. Verwüstung Roms durch die Gallier

389 Euagoras von Zypern fällt mit athenischer Unterstützung von Persien ab. Belagerung und Einnahme von Kaulonia durch Dionysios

389/388 Platon in Westgriechenland (Sizilien)

388 Platons Rückkehr aus Sizilien. Der *Plutos* des Aristophanes. Die »Olympische Rede« des Gorgias

387 Sperrung der Getreidezufuhr für Athen an den Dardanellen durch den Spartaner Antalkidas. Einnahme von Rhegion durch Dionysios. Einnahme von Rom durch die Gallier (nach der Datierung des Polybios; s. 390). Einrichtung von vier ländlichen Tribus auf dem Gebiet Veiis

386 Königsfrieden (Antalkidasfrieden) zwischen Sparta und Persien auf der einen, Athen auf der anderen Seite. Erklärung der *koinē eirēnē* auf einem Friedenskongreß in Sparta

386–385 Römische Siege über Latiner, Volsker und Herniker

385 Sparta gewinnt Mantineia zurück. Latinische Kolonie in Satricum

385–383	Krieg zwischen Artaxerxes und Ägypten
384	Geburt des Aristoteles und des Demosthenes
383	Zweiter Krieg zwischen Karthago und Dionysios
um 383	Latinische Kolonie in Nepete
382	Spartanischer Krieg gegen den Chalkidischen Bund. Einnahme der Kadmeia in Theben durch Phoibidas. Latinische Kolonie in Setia
381	Belagerung von Phlios durch die Spartaner. Friedensschluß zwischen Euagoras von Zypern und Persien
380	Der *Panegyrikos* des Isokrates
379	Kapitulation von Phlios und Olynth vor Sparta. Befreiung Thebens durch Pelopidas. Einnahme von Kroton durch Dionysios. Tod des Lysias
378	Verwüstung Attikas durch Sphodrias. Bündnis zwischen Theben und Athen. Spartanischer Einfall in Boiotien unter Agesilaos
378/377	Bildung des Zweiten Attischen Seebundes
376	Athenischer Seesieg über Sparta bei Naxos
375	Niederlage der peloponnesischen Flotte vor Akarnanien. Operationen des athenischen Strategen Chabrias in der nördlichen Ägäis
374	Frieden zwischen Athen und Sparta. Bündnis zwischen Athen und Jason von Pherai. Tod des Euagoras
373	Spartanische Blockade von Korkyra. Einnahme Plataiais durch Theben. Bündnis zwischen Jason und dem makedonischen König Amyntas
371	Frieden zwischen Athen und Sparta (Königsfrieden). Spartanische Niederlage gegen Theben bei Leuktra. Theben, Euboia und die Chalkidike treten aus dem Attischen Seebund aus
370	Ermordung des Jason. Bildung des Arkadischen Bundes und Bündnis mit Theben. Erster Feldzug des Epameinondas auf der Peloponnes. Gründung von Messene
369	Vergeblicher Versuch der Athener unter Iphikrates, Amphipolis einzunehmen. Epameinondas zum

	Rückzug aus der Peloponnes gezwungen. Dionysios unterstützt Korinth gegen Theben
um 369	Gründung von Megalopolis in Arkadien
368	Bündnis zwischen Pelopidas und Alexander II. von Makedonien
367	Spartanischer Sieg in der »tränenlosen« Schlacht nahe Megalopolis über Argiver, Arkadier und Messenier. Bündnis zwischen Dionysios und Athen. Tod des Dionysios und Nachfolge des Dionysios II. Besuch Platons in Syrakus. Frieden zwischen Karthago und Syrakus. Aristoteles schließt sich der Akademie an
367/366	*Leges Liciniae Sextiae* in Rom. Wiederherstellung des Konsulats: ein Konsul soll Plebejer sein. Einrichtung der kurulischen Ädilität
366	Dritter Feldzug des Epameinondas auf der Peloponnes. Theben gewinnt Artaxerxes für eine Erneuerung der *koinē eirēnē*. Eroberung von Oropos durch Theben. Bündnis zwischen Athen und Arkadien. Frieden zwischen Korinth und Theben. Verbannung des Dion aus Syrakus. Der *Archidamos* des Isokrates. Erster plebejischer Konsul in Rom. Einrichtung der Prätur
um 366	Satrapenaufstand
365	Krieg zwischen Arkadien und Elis. Der athenische Stratege Timotheos erobert Samos. Athenische Kleruchie in Samos. Unterstützung Spartas gegen Theben durch Dionysios II.
364	Zerstörung von Orchomenos durch Theben. Schlacht bei Kynoskephalai zwischen Theben und Alexander von Pherai. Tod des Pelopidas. Operationen des Timotheos in der Chalkidike. Athen verliert Byzantion an die Flotte des Epameinondas
362	Vierter Feldzug des Epameinondas in der Peloponnes. Schlacht bei Mantineia zwischen Sparta und Theben. Thebanischer Sieg mit der »schiefen Schlachtordnung«. Tod des Epameinondas. Ende der thebanischen Hegemonie

362/361 Erneuerung der *koinē eirēnē* unter Fernbleiben Spartas

361 Bündnis des Thessalischen Bundes mit Athen gegen Alexander von Pherai. Der spartanische König Agesilaos in Ägypten. Platon besucht mit Speusippos erneut Syrakus

360 Wiederherstellung der persischen Herrschaft in Kleinasien. Tod des Agesilaos

359 Tod des makedonischen Königs Perdikkas und Thronbesteigung des Amyntas als Regentschaftsvertreter für Philipp. Ermordung Alexanders von Pherai. Versuch der Tarquinier, nach Rom zurückzukehren

358 Erfolge Philipps gegen Päonier und Illyrier. Förmlicher Friedensvertrag zwischen Athen und Philipp. Wiederaufnahme der Herniker in das Bündnis mit Rom. Erneuerung des Vertrages zwischen Rom und den Latinern

357 Athen gewinnt Euboia und die Chersones zurück. Einnahme von Amphipolis durch Philipp. Aufstand der Seebundmitglieder Chios, Rhodos, Byzantion und Kos (Bundesgenossenkrieg). Eubulos in Athen an der Macht. Einrichtung der römischen Tribus Pomptina und Popilia. Rückkehr Dions nach Syrakus

356 Einnahme von Pydna und Poteidaia durch Philipp und Gründung von Philippi. Geburt Alexanders des Großen. Niederlage der Athener gegen die abgefallenen Bundesgenossen in der Schlacht bei Embaton. Timotheos und Iphikrates verurteilt. Der athenische Stratege Chares unterstützt Artabazos in seinem Aufstand gegen Persien. Sieg Philipps über Päonier und Illyrier. Belagerung von Ortygia durch Dion. Erster plebejischer Diktator in Rom

355 Anerkennung der Unabhängigkeit von Chios, Kos, Byzantion und Rhodos durch Athen. Einnahme von Delphi durch die Phoker unter Philomelos. Dritter Heiliger Krieg der delphischen Amphiktyonie (595

bis 586 und 449–447 Erster und Zweiter Heiliger Krieg). Rede »Über den Frieden« des Isokrates. Rede gegen Leptines des Demosthenes

354 Tod des Philomelos in der Schlacht bei Neon. Ermordung Dions. Rede »Über die Symmorien« des Demosthenes. Bündnis zwischen Rom und den Samniten

353 Einnahme von Orchomenos durch den phokischen Feldherrn Onomarchos. Bündnis Athens mit dem Thrakerkönig Kersobleptes. Einnahme von Methone durch Philipp. Erfolge des Onomarchos gegen Philipp in Thessalien. Tod des Mausollos von Karien: Beginn der Bauarbeiten am Mausoleum. Rede »Für die Freiheit der Rhodier« des Demosthenes. Sieg Roms über Caere

353/352 Rede »Für die Megalopoliten« des Demosthenes. Rede »Über die Antidosis« des Isokrates

352 Der athenische Stratege Chares gewinnt Sestos zurück. Tod des Onomarchos. Einnahme von Pherai und Pagasai durch Philipp. Sein Zug zu den Thermopylen

352–351 Tod des Phokers Phayllos, des Nachfolgers des Onomarchos. Entsendung des athenischen Strategen Charidemos an den Hellespont. Erster plebejischer Zensor in Rom. Vierzigjähriger Waffenstillstand zwischen Rom, Falerii und Tarquinii

um 352–351 1. Philippische Rede des Demosthenes

350 Unterstützung Thebens durch Artaxerxes

349 Die »Olynthischen« Reden des Demosthenes. Athenisches Bündnis mit Olynth

348 Operationen der Phoker auf Euboia. Anerkennung der Unabhängigkeit Euboias durch Athen. Einnahme von Olynth durch Philipp. Erneuerung des Vertrags zwischen Rom und Karthago

347 Dionysios II. gewinnt Syrakus zurück. Tod Platons

346 Athenische Gesandtschaft an Philipp und Friedensschluß (Philokratesfrieden). Unterwerfung von Pho-

kis durch Philipp. Aufnahme Philipps in die delphische Amphiktyonie und Vorsitz bei den Pythischen Spielen. Rede »Über den Frieden« des Demosthenes. Rede »Philippos« des Isokrates

345 Hilfegesuch von Syrakus an Korinth. Heimliche Verhandlungen des Tyrannen von Leontinoi, Hiketas, mit Karthago. Abfall Sidons von Persien. Rede des Aischines gegen Timarchos

344 Demosthenes als Gesandter in der Peloponnes. Operationen Philipps in Illyrien; Reorganisation Thessaliens. Befreiung von Syrakus durch den Korinther Timoleon und Sturz Dionysios' II. 2. Philippische Rede des Demosthenes. »Brief an Philipp« des Isokrates

343 Bündnis Megaras mit Athen. Prozeß und Freispruch des Aischines. Rede »Über die Gesandtschaft« des Demosthenes. Rede »Über die Gesandtschaft« des Aischines. Wiederbesiedlung von Syrakus durch Timoleon. Aristoteles wird Lehrer Alexanders

343–342 Wiedereroberung Ägyptens durch Persien. Brief des Speusippos an Philipp

343–341 Erster Krieg der Römer mit den Samniten

342 Operationen Philipps in Thrakien. Erfolgloser Feldzug Timoleons gegen Hiketas. Unterstützung Tarents gegen Lukaner und Messapier durch den spartanischen König Archidamos. *Leges Genuciae* in Rom

342–341 Geburt Menanders und Epikurs

341 Demosthenes in Byzantion. Bildung des Euboiischen Bundes. Karthagischer Feldzug gegen Syrakus. Sieg Timoleons am Krimisos. 3. Philippische Rede und Rede »Über die Chersones« des Demosthenes

340 Belagerung von Byzantion und Perinthos durch Philipp. Athenische Kriegserklärung an Philipp. 4. Philippische Rede des Demosthenes

340–338 Aufstand der Latiner gegen Rom

339 Aufhebung der Belagerung von Byzantion. Feldzug Philipps in Thrakien. Strafexpedition Philipps gegen Amphissa und Besetzung Elateias. Friedensschluß

zwischen Karthago und Timoleon. Der *Panathenaikos* des Isokrates. Xenophon Nachfolger des Speusippos an der Spitze der Akademie. *Leges Publiliae* in Rom

338 Zerstörung Amphissas durch Philipp. Niederlage der Griechen gegen Philipp in der Schlacht bei Chaironeia. Gründung des Korinthischen Bundes unter makedonischer Führung. Kontrolle der athenischen Finanzen durch Lykurgos. Tod des Isokrates. Auflösung des Latinischen Bundes. Römisches Vollbürgerrecht für Lanuvium, Aricia, Nomentum und Tusculum, *civitas sine suffragio* für Fundi, Formiae, Cumae und Capua. Römische Kolonie in Antium. Tod des spartanischen Königs Archidamos in der Schlacht bei Mandonion gegen Messapier und Lukaner

337 Kriegserklärung des Korinthischen Bundes unter Philipp an Persien. Erster plebejischer Prätor in Rom

336 Ermordung Philipps und Thronbesteigung Alexanders. Wahl Alexanders zum Heerführer der Griechen

335 Alexander in Thrakien und Illyrien. Zerstörung Thebens durch Alexander. Aristoteles läßt sich in Athen nieder

334 Beginn des persischen Feldzugs Alexanders. Schlacht am Granikos. Einrichtung von Demokratien in Jonien. Belagerung von Milet und Halikarnassos. Alexander von Epirus in Süditalien. Latinische Kolonie in Cales

334–333 Eroberung von Lykien, Pamphylien und Westpisidien durch Alexander. Überwinterung in Gordion

333 Eroberung Kilikiens. Schlacht bei Issos. Flucht des Dareios. Geburt Zenons. »Diktatorjahr« in Rom

332 Belagerung und Einnahme von Tyros. Eroberung Ägyptens durch Alexander. Besuch in der Oase Siwa. Krieg des spartanischen Königs Agis III. gegen Makedonien. Einrichtung der römischen Tribus Maecia und Scaptia

331 Gründung von Alexandria. Unterwerfung von Kyrene. Neuorganisation Syriens. Schlacht bei Gaugamela. Besetzung von Babylon, Susa und Persepolis durch Alexander. Scheitern eines Bündnisabschlusses zwischen Athen und Sparta. Niederlage und Tod Agis' III. in der Schlacht bei Megalopolis

330 Alexander in Ekbatana. Tod des Dareios III. Hinrichtung von Philotas und Parmenion. Rede des Lykurgos gegen Leokrates. Rede des Aischines gegen Ktesiphon. Kranzrede des Demosthenes

329 Alexander in Baktrien. Einnahme von Privernum durch Rom und Verleihung der *civitas sine suffragio*. Römische Kolonie in Tarracina

328 Eroberung Baktriens und Sogdianes durch Alexander. Mord an Kleitos. »Verschwörung der Pagen« und Hinrichtung des Kallisthenes. Latinische Kolonie in Fregellae

327 Alexanders Einfall in Indien

326–304 Zweiter Krieg Roms mit den Samniten

326 Alexanders Übergang über den Indus und Sieg über Pakoros. Meuterei des Heeres am Hyphasis (Beas). Fahrt des Nearch den Hydaspes hinab und vom Indusdelta zur Straße von Hormuz. Eroberung der Maller. Erster Sieg des Philemon. Erstmalige *prorogatio imperii* in Rom. Bündnis Roms mit Neapel, Nuceria und den Apuliern

325 Alexanders Zug durch die gedrosische Wüste. Rückkehr Nearchs an den Persischen Golf

324 Vereinigung Alexanders mit Nearch und Rückkehr nach Susa. Rückführung der griechischen Verbannten. Meuterei der Makedonen in Opis. Tod des Hephaistion. Prozesse um den makedonischen Schatzmeister Harpalos in Athen. Prozeß und Verbannung des Demosthenes. Reden des Hypereides und Deinarchos gegen Demosthenes. »Diktatorjahr« in Rom

323 Alexander in Babylon. Tod Alexanders (10. Juni). Machtübernahme in Asien durch den Regenten Perdikkas. Griechischer Aufstand gegen Antipater (Lamischer Krieg). Tod des makedonenfeindlichen attischen Strategen Leosthenes

322 Einfall des Perdikkas in Kappadokien. Eroberung von Kyrene für Ptolemaios durch Ophellas. Niederlage Athens und seiner Verbündeten gegen Antipater und Krateros in der Schlacht bei Krannon. Verfassungsänderung in Athen. Tod von Aristoteles, Demosthenes und Hypereides

321 Koinopragia zwischen Antipater, Krateros, Antigonos

und Ptolemaios gegen Perdikkas (Erster Diadochenkrieg; bis 320). Sieg des Eumenes über Krateros. Tod des Perdikkas in Ägypten. Übernahme der Regentschaft im Alexanderreich durch Antipater. Ernennung von Antigonos zum Heerführer gegen Eumenes. Niederlage des Eumenes. Erste Schauspielproduktion Menanders. Römische Niederlage gegen die Samniten bei den Caudinischen Pässen

319 Tod Antipaters. Polyperchon Nachfolger in der Regentschaft. Ernennung von Eumenes zum Strategen in Asien gegen Antigonos durch Polyperchon (Zweiter Diadochenkrieg; bis 316)

318 Freiheitserklärung für die Griechen durch Polyperchon. Einnahme von Babylon durch Eumenes. Hinrichtung des makedonenfreundlichen Phokion in Athen. Einrichtung der römischen Tribus Falerna und Oufentina in Nordkampanien

317 Einsetzung des Demetrios von Phaleron als Führer einer Oligarchie in Athen durch Kassander. Übernahme der Gewalt in Syrakus durch Agathokles

316 Niederlage und Hinrichtung des Eumenes durch Antigonos. Einnahme von Pydna und Ermordung der Olympias durch Kassander. Wiederaufbau Thebens durch Kassander. Absetzung des Polyperchon und Übernahme der Regentschaft durch Kassander. Der *Dyskolos* Menanders

315 Dritter Diadochenkrieg (bis 311): Seleukos, Ptolemaios, Kassander und Lysimachos gegen Antigonos. Einnahme Syriens durch Antigonos. Erster Sieg Menanders. Samnitischer Sieg über Rom bei Lautulae

314 Freiheitserklärung für die griechischen Städte durch Antigonos. Römischer Sieg über die Samniten bei Tarracina. Wiederunterwerfung Capuas und der Auruncer. Latinische Kolonie in Luceria

313 (oder 312) Latinische Kolonien in Suessa Aurunca, Pontia und Saticula

312 Niederlage des Demetrios, Sohn des Antigonos, gegen Ptolemaios bei Gaza. Wiedereinnahme Babylons durch Seleukos. Karthagischer Einfall in Sizilien. Zenon in Athen.

Zensur des Appius Claudius Caecus. Beginn der Bauarbeiten an der Via Appia. Latinische Kolonie in Interamna

311 Friedensschluß von Ptolemaios, Lysimachos und Kassander mit Antigonos

310 Ernennung von *duoviri navales* in Rom. Einfall des Agathokles in Afrika. Römisches Vordringen in Etrurien: Verträge mit Cortona, Perusia und Arretium

309 »Diktatorjahr« in Rom

308 Einnahme von Kyrene durch Magas. Erneuerung des Bündnisses zwischen Rom und Tarquinii

307 Befreiung Athens durch Demetrios, Sohn des Antigonos. Niederlage des Agathokles und Flucht nach Sizilien. Aufstand der Herniker gegen Rom

306 Seesieg des Demetrios über Ptolemaios bei Zypern. Annahme des Königstitels durch Antigonos und Demetrios. Friedensschluß zwischen Karthago und Syrakus. Gründung einer Schule in Athen durch Epikur. Römische Erstürmung Anagnias und Verleihung der *civitas sine suffragio*. Dritter römischer Vertrag mit Karthago

305 Belagerung von Rhodos durch Demetrios. Ptolemaios, Kassander und Demetrios nehmen den Königstitel an

304 Annahme des Königstitels durch Agathokles. Veröffentlichung der *legis actiones* durch Flavius. Römischer Sieg über die Äquer. Ende des Zweiten Samnitischen Krieges. Römisches Bündnis mit Marsern, Pälignern, Marrukinern und Frentanern

303 Latinische Kolonien in Alba Fucens und Sora. Verleihung der *civitas sine suffragio* an Arpinum

302 Erneuerung des Korinthischen Bundes durch Demetrios. Latinische Kolonie in Carsioli. Römisches Bündnis mit den Vestinern

301 Vierter Diadochenkrieg: Kassander, Ptolemaios, Lysimachos und Seleukos gegen Antigonos. Niederlage und Tod des Antigonos in der Schlacht bei Ipsos. Aufteilung seines Reiches unter Seleukos und Lysimachos. Gründung der Stoa durch Zenon. »Diktatorjahr« in Rom

300 Gründung von Antiochia. *Lex Valeria de provocatione*

und *Lex Ogulnia* in Rom. Auflösung des Korinthischen Bundes

299 Bündnis zwischen Seleukos und Demetrios. Einrichtung der römischen Tribus Aniensis und Terentina. Latinische Kolonie in Narnia. Römisches Bündnis mit den Pikentern. Gallische Einfälle in römisches Gebiet

298–290 Dritter Samnitischer Krieg Roms

297 Tod Kassanders und seines Sohnes Philipp IV.; Aufteilung Makedoniens unter die jüngeren Söhne Kassanders

296 Römische Kolonien in Minturnae und Sinuessa

295 Lachares Tyrann in Athen. Ptolemaios annektiert Zypern, Seleukos Kilikien und Lysimachos Jonien. Römischer Sieg über Samniten, Gallier und Umbrer bei Sentinum

294 Einnahme Athens durch Demetrios Poliorketes. Demetrios König von Makedonien

293 Gründung von Demetrias. *Lex Maenia* in Rom

292 Tod Menanders. Antiochos I. König in den östlichen seleukidischen Gebieten. Wiedergewinnung von Falerii durch Rom

291 Einnahme von Theben durch Demetrios Poliorketes und Krieg mit Aetolia und Pyrrhos. Latinische Kolonie in Venusia

290 Ende des Samnitischen Krieges. Aufnahme der Sabiner als *cives sine suffragio* in den römischen Staatsverband. Latinische Kolonie in Hadria und römische(?) Kolonie in Castrum Novum Piceni

289 Tod des Agathokles. Einnahme von Messana durch die Mamertiner. Vorbereitungen für die Invasion Asiens durch Demetrios Poliorketes

288 Bündnis zwischen Lysimachos, Seleukos, Ptolemaios und Pyrrhos gegen Demetrios (Fünfter Diadochenkrieg; bis 286). Sturz des Demetrios. Aufteilung Makedoniens zwischen Lysimachos und Pyrrhos. Straton von Lampsakos Nachfolger Theophrasts als Haupt der Peripatetiker

287 Übergang des Demetrios nach Kleinasien. *Lex Hortensia*

286 Ptolemaios erringt Tyros, Sidon und die Führung im Nesiotenbund, verbunden mit der Kontrolle zur See

285 Kapitulation des Demetrios und Internierung durch Seleukos. Vertreibung des Pyrrhos aus Makedonien. Lysimachos König von Gesamtmakedonien. Ptolemaios II. Mitregent in Ägypten

284 Eroberung Päoniens durch Lysimachos. Sieg des M'. Curius über die Senonen. Römische Kolonie in Sena

283 Tod des Demetrios. Annahme des Königstitels durch seinen Sohn, Antigonos Gonatas. Tod Ptolemaios' I., Ptolemaios II. Alleinherrscher. Niederlage der Boiier und Etrusker am Vadimonischen See

282 Römische Unterstützung für Thurii gegen die Lukaner

282–281 Krieg des Seleukos gegen Lysimachos (Sechster Diadochenkrieg). Niederlage und Tod des Lysimachos in der Schlacht bei Kurupedion. Einnahme Athens durch Antigonos. Ermordung des Seleukos durch Ptolemaios Keraunos. Thronbesteigung Antiochos' I.

280 Ptolemaios Keraunos König von Makedonien. Gründung des Achaiischen Bundes. Krieg zwischen Ptolemaios II. und Antiochos. Landung des Pyrrhos in Italien: römische Niederlage bei Heraclea

279 Gallischer Einfall in Makedonien. Tod des Ptolemaios Keraunos. Gallische Invasion in Griechenland bei Delphi zurückgeschlagen. Vertrag zwischen Antiochos und Antigonos. Römische Niederlage gegen Pyrrhos bei Asculum. Vertrag Roms mit Karthago

278 Übergang des Pyrrhos nach Sizilien. Übergang der Gallier nach Asien. Milet wird ägyptisch

277 Anarchie in Makedonien. Sieg des Antigonos über die Gallier bei Lysimacheia. Verwüstung Kleinasiens durch die Gallier

276 Antigonos Gonatas König von Makedonien; Heirat mit Phila, Schwester Antiochos' I.

275 Rückkehr des Pyrrhos nach Italien; Niederlage bei Benevent und Rückkehr nach Epirus. Hieron II. zum Befehlshaber des syrakusanischen Heers ernannt. Sieg Antiochos' I. über die Gallier in der »Elefantenschlacht«

274 Einfall des Pyrrhos in Makedonien. Erster Syrischer Krieg

(bis 271). Sieg Antiochos' I. über Ptolemaios II. in Syrien

273 Latinische Kolonien in Cosa und Paestum. Ankunft einer ägyptischen Gesandtschaft in Rom

272 Einnahme von Tarent durch Papirius Cursor. Livius Andronicus nach Rom gebracht. Tod des Pyrrhos in Argos

271/270 Siegesparade Ptolemaios' II. in Alexandria

270 Einnahme von Rhegion durch Rom. Tod der Arsinoë II. Tod Epikurs. Preisgedicht Theokrits auf Ptolemaios II.

269 Beginn der römischen Silberprägung

um 269 Hieron II. König von Syrakus

268 Latinische Kolonien in Ariminum und Beneventum. Verleihung des Vollbürgerrechts an die Sabiner

267 Bündnis Athens, Spartas und Ägyptens gegen Antigonos (Chremonideischer Krieg; bis 261)

265 Schlacht bei Korinth. Tod des spartanischen Königs Areus II.

264 Latinische Kolonie in Firmum. Römisches Bündnis mit den Mamertinern. Entsendung des Appius Claudius nach Sizilien. Beginn des Ersten Punischen Krieges

263 Hieron II. Verbündeter Roms. Latinische Kolonie in Aesernia. Eumenes I. Nachfolger des Philetairos in Pergamon

262 Römische Operationen in Sizilien. Einnahme von Agrigent. Seesieg des Duilius bei Mylae. Einnahme Athens durch Antigonos. Ende der Atthis des Philochoros

um 262 Tod Zenons. Kleanthes Nachfolger Zenons

262–261 (Zwischen Oktober und April:) Tod Antiochos' I. und Nachfolge Antiochos' II. Friedensschluß zwischen Ptolemaios II. und Antigonos

260 Zweiter Syrischer Krieg (bis 253): Ptolemaios II. gegen Antiochos II. und Antigonos Gonatas

259 Antiochos II. gewinnt Ephesos zurück

257 Seeschlacht bei Tyndaris zwischen Römern und Karthagern mit unentschiedenem Ausgang

256 Römischer Seesieg am Eknomon. Landung des Regulus in

Afrika, Sieg über die Karthager und Überwinterung in Tunis
255 Niederlage und Gefangenschaft des Regulus
254 Vernichtung der römischen Flotte durch einen Sturm bei Camarina. Friedensschluß zwischen Ptolemaios II. und Antigonos
253 Tod des Magas von Kyrene (oder 250). Demetrios der Schöne, Stiefbruder des Antigonos Gonatas, König von Kyrene. Römische Einnahme von Panormos. Erneute Vernichtung der Flotte durch einen Sturm bei Palinurus
252 Heirat zwischen Antiochos II. und Berenike, Tochter Ptolemaios' II. Hasdrubal, Sohn des Hanno, in Sizilien
251 Befreiung Sikyons durch Aratos
250 Römischer Sieg bei Panormos. Belagerung von Lilybaeum. Erhebung der Parner (Parther) in Baktrien
249 Karthagischer Sieg bei Drepana über die römische Flotte unter Ap. Claudius
248 Erneuerung des römischen Bündnisses mit Hieron II.
248–247 Beginn der parthischen Ära
247 Hamilkar Barkas in Sizilien
246 Tod Antiochos' II. Nachfolge durch Seleukos II. Tod Ptolemaios' II. Nachfolge durch Ptolemaios III. Euergetes. Dritter Syrischer Krieg zwischen Ptolemaios III. und Seleukos II. (bis 241). *Die Locke der Berenike* des Kallimachos
245 Aratos zum ersten Male Stratege des Achaiischen Bundes
244 Latinische Kolonie in Brundisium. Flottenbau in Rom. Agis IV. König in Sparta
243 Einnahme von Korinth durch Aratos
242 Einrichtung des *praetor peregrinus*
241 Römischer Seesieg unter Lutatius Catulus bei Drepana (Ägatische Inseln). Karthagisches Friedensangebot. Ende des Ersten Punischen Krieges. Latinische Kolonie in Spoletium (Umbrien). Besetzung Siziliens durch die Römer. Friedensschluß zwischen Ptolemaios III. und Seleukos II. Tod Eumenes' I. von Pergamon. Nachfolge durch Attalos I. Tod des spartanischen Königs Agis IV.

240 Söldneraufstand gegen Karthago. Unterstützung Karthagos durch Rom und Hieron II. Erste Schauspiele des Livius Andronicus

239 Tod des Antigonos Gonatas. Nachfolge durch Demetrios II. Niederlage Seleukos' II. gegen Antiochos Hierax bei Ankyra (Bruderkrieg)

238 Invasion Parthyenes durch die Parner und Gründung des Partherreichs. Niederlage des Antiochos Hierax durch Attalos I. Annahme des Königstitels durch Attalos. Gründung des griechisch-baktrischen Reichs durch Diodotos, Satrap von Baktrien und Sogdiane. Römische Besetzung von Sardinien und Korsika

237 Ende des karthagischen Söldneraufstandes. Hamilkar in Spanien. Kleomenes III. König in Sparta

235 Karthagische Eroberungen in Spanien. Megalopolis schließt sich dem Achaiischen Bund an. Schließung des Janustempels in Rom. Schlacht bei Kleonai zwischen dem Tyrannen von Argos und dem Achaiischen Bund

232 Aufteilung des *ager Gallicus* in kleine Landlose durch C. Flaminius

231 Verhandlungen zwischen Rom und Hamilkar. Feldzug Seleukos' II. gegen die Parther (bis um 228). Chrysipp Haupt der Stoa

230 Tod des Hamilkar. Hasdrubal Oberbefehlshaber in Spanien

229 Erster Illyrischer Krieg (bis 228). Korkyra, Dyrrhachion, Apollonia und Issa Verbündete Roms. Tod Demetrios' II.; Nachfolge durch Antigonos Doson. Anschluß von Argos an den Achaiischen Bund. Expansion der Ätoler. Athen wieder unabhängig. Niederlage des Antiochos Hierax gegen Attalos bei Pergamon

228 Kapitulation Teutas von Illyrien; Ernennung des Demetrios von Pharos zum illyrischen Herrscher. Römisches Protektorat über die illyrischen Küstengebiete. Krieg zwischen Sparta und dem Achaiischen Bund (Kleomeneskrieg; bis 222). Römische Gesandtschaft in Athen und Korinth

227 Erhöhung der jährlichen Zahl an Prätoren auf vier. Sardi-

nien und Korsika römische Provinz. Sizilien und Sardinien unter der Statthalterschaft von Prätoren. Reformen des Kleomenes III. in Sparta. Feldzug des Antigonos Doson nach Karien

226 Ebro-Vertrag zwischen Rom und Hasdrubal. Niederlage des Achaiischen Bundes gegen Kleomenes III. in der Schlacht bei Hekatombaion in der Nähe von Dyme. Tod Seleukos' II. und Nachfolge Seleukos' III.

225 Gallischer Einfall nach Italien bei Telamon zurückgeschlagen. Argos und Korinth schließen sich Kleomenes III. an. Verhandlungen zwischen Aratos und Antigonos

224 Aratos Stratege des Achaiischen Bundes; Bündnis mit Antigonos. Einnahme von Argos durch Antigonos und Gründung einer Symmachie griechischer Städtebünde mit Antigonos als Hegemon

223 Sieg des Flaminius über die Insubrer. Zerstörung Mantineias durch Aratos und Antigonos. Völlige Zerstörung von Megalopolis durch Kleomenes III. Tod Seleukos' III. und Nachfolge Antiochos' III.

222 Sieg des M. Claudius Marcellus über die Kelten in der Schlacht bei Clastidium. Kapitulation der Insubrer. Sieg des Antigonos über Kleomenes III. in der Schlacht bei Sellasia. Einnahme von Sparta durch Antigonos

221 Tod Hasdrubals; Hannibal Oberbefehlshaber in Spanien. Tod des Antigonos Doson und Nachfolge Philipps V. (Herbst). Tod Ptolemaios' III. und Nachfolge Ptolemaios' IV.

220 Zensur des C. Flaminius. Bau der Via Flaminia. »Bundesgenossenkrieg« in Griechenland (bis 217). Unterdrückung der Revolte Molons durch Antiochos III. Aufstand des Achaios

219 Belagerung und Einnahme von Sagunt durch Hannibal. Zweiter Illyrischer Krieg; Zerstörung von Pharos durch L. Aemilius Paullus; Flucht des Demetrios nach Makedonien. Vierter Syrischer Krieg (bis 217) zwischen Ptolemaios IV. und Antiochos III. Kriegserklärung von Rhodos an Byzantion. Tod Kleomenes' III. in Ägypten

218 Römische Kriegserklärung an Karthago. Marsch Hannibals nach Italien. Niederlage der Römer am Ticinus und an der Trebia. Latinische Kolonien in Placentia und Cremona. Plünderung und Zerstörung von Thermos (ätolisch) durch Philipp V.

217 Römischer Seesieg an der Ebromündung. Überquerung des Apennins durch Hannibal. Karthagischer Sieg am Trasimenischen See. Fabius Maximus Diktator. Frieden von Naupaktos zwischen Philipp V. und den Ätolern. Sieg Ptolemaios' IV. über Antiochos III. in der Schlacht bei Raphia und Friedensschluß zwischen den Königen

216 Römische Niederlage bei Cannae. Abfall Mittelitaliens, einschließlich Capuas, von Rom. Einrichtung der *ludi Plebeii* (220?). Krieg Antiochos' III. und Attalos' I. gegen Achaios. Beginn der Unruhen der einheimischen Bevölkerung Ägyptens

215 Niederlage Hasdrubals gegen die zwei Scipionen bei Dertosa. Tod Hierons II. Hannibal in Süditalien. Erhöhung des *tributum*. Bündnis zwischen Syrakus und Karthago. Maßnahmen gegen den Luxus in Rom (*Lex Oppia*). Philipp V. in der Peloponnes; Bündnis mit Hannibal. Achaios in Sardes eingeschlossen. Aufstand des Syphax in Africa

214 Laevinus in Illyrien. Angriff Philipps V. auf Messene. Geburt des Karneades

213 Beginn der Belagerung von Syrakus durch Marcellus. Besetzung Tarents durch Hannibal. Tod des Aratos. Erfolge Philipps V. in Illyrien: Einnahme von Lissos (Erster Römisch-Makedonischer Krieg; bis 207). Gefangennahme und Hinrichtung des Achaios

212 Friedensschluß zwischen Syphax und Karthago. Belagerung Capuas durch Rom. Verhandlungen über einen Vertrag zwischen Rom und den Ätolern. Antiochos III. gewinnt Armenien zurück. Einrichtung der *ludi Apollinares*

211 Niederlage und Tod der Scipionen in Spanien. Hannibals Marsch auf Rom. Fall Capuas. Einnahme und Verwüstung von Syrakus durch die Römer. Tod des Archimedes. Sulpicius Nachfolger des Laevinus in Griechenland

210 C. Claudius Nero am Ebro. Scipio Africanus landet in Emporion. Verweigerung von Truppenkontingenten durch zwölf latinische Kolonien. Einnahme von Agrigent durch die Römer. Anschluß Spartas unter Machanidas an den Ätolischen Bund. Einnahme von Echinus durch Philipp V. Einnahme von Aigina durch Sulpicius. Antiochos III. in Medien

209 Einnahme von Carthago Nova durch Scipio. Wiedereroberung Tarents durch die Römer. Erfolglose Friedensverhandlungen zwischen Philipp V. und den Ätolern. Ankunft Attalos' I. in Pergamon. Feldzug Antiochos' III. in Parthyene; Frieden mit Arsakes III. Geburt Ptolemaios' V.

208 Sieg Scipios bei Baecula. Hasdrubal verläßt Spanien und überwintert in Gallien. Tod des Marcellus. Seesieg des Laevinus. Flottenoperationen des Sulpicius und des mit Rom verbündeten Attalos I. Erfolge Philipps V. zu Lande. Rückkehr Attalos' I. nach Kleinasien. Angriff Antiochos' III. auf Baktrien

207 Sieg Scipios bei Ilipa (oder 206). Niederlage Hasdrubals am Metaurus. Sieg des Strategen des Achaiischen Bundes, Philopoimen, über Sparta bei Mantineia. Verwüstung Ätoliens durch Philipp V. Das Carmen des Livius Andronicus zu Ehren der Juno Regina

206 Kapitulation von Gades vor Scipio. Gründung von Italica. Aufbruch Scipios nach Rom. Separatfrieden der Ätoler mit Philipp V. Nabis König von Sparta. Friedensschluß zwischen Antiochos III. und Euthydemos von Baktrien

205 Scipio als Konsul in Sizilien; Wiedereinnahme von Locri. Mago in Ligurien. Friedensverhandlungen der Römer mit Philipp V. in Phoinike. Friedensvertrag in Rom ratifiziert (oder 204)

204 Landung Scipios in Afrika. Der »Schwarze Stein« der Magna Mater nach Rom gebracht. Tod des Livius Andronicus. Ennius von Cato nach Rom gebracht. Beginn des »Kretischen« Krieges. Tod Ptolemaios' IV. Nachfolge Ptolemaios' V.

203 Niederlage des Syphax gegen Scipio. Sieg Scipios bei den

»Großen Feldern«. Bruch eines vereinbarten Waffenstillstandes. Niederlage Magos in Gallien. Rückberufung Hannibals nach Afrika. Regentschaft des Agathokles in Ägypten. Eroberung von Amyzos durch Antiochos III. Ägyptische Gesandtschaft an Philipp V.

202 Fünfter Syrischer Krieg zwischen Antiochos III. mit Philipp V. gegen Ptolemaios V. (bis 198). Sieg Scipios bei Zama. Einfall Antiochos' III. in Südsyrien. Eroberungen Philipps in der Ägäis. Kriegserklärung von Rhodos an Philipp. Ätolisches Hilfegesuch von Rom zurückgewiesen. Friedensvertrag mit Karthago. Triumph Scipios

201 Massinissa König von Großnumidien. Karthago römischer Klientelstaat. Hilfegesuch der Rhodier und Attalos' I. gegen Philipp V. an Rom. Krieg zwischen Sparta und dem Achaiischen Bund. Einnahme von Gaza durch Antiochos III. Philipp V. in Kleinasien. Sieg Philipps über die Rhodier bei Lade. Schlacht gegen Rhodier und Attalos I. bei Chios mit unentschiedenem Ausgang. Philipp 202/201 in Bargylia eingeschlossen

200 Römische Gesandtschaft in Griechenland und im östlichen Mittelmeer. Aufstand der Insubrer, Verwüstung von Placentia. Kriegserklärung der Römer an Philipp V. nach seiner Rückkehr aus Kleinasien (Zweiter Römisch-Makedonischer Krieg; bis 197). Sulpicius in Illyrien. Philipp an der thrakischen Küste; Einnahme von Abydos. Sieg Antiochos' III. gegen die Ägypter am Berg Panion. Römische Gesandtschaft bei Antiochos

199 Eroberung Obermakedoniens durch Sulpicius. Anschluß der Ätoler an Rom

198 Catos Statthalterschaft in Sardinien. Erhöhung der Prätorenzahl auf sechs. Sieg des T. Quinctius Flamininus am Aoos-Paß. Anschluß des Achaiischen Bundes an Rom. Antiochos gewinnt Südsyrien zurück

197 Sieg des C. Cornelius Cethegus über die Insubrer. Niederlage Philipps bei Kynoskephalai. Friedensschluß zwischen Makedonien und Rom. Antiochos' Feldzug in Kleinasien; Besetzung von Ephesos. Widerstand von Lampsakos und

Smyrna gegen Antiochos. Thronbesteigung Eumenes' II. von Pergamon

196 Demokratische Reformen in Karthago unter Hannibal als Sufet. Hilfegesuch von Smyrna und Lampsakos an Rom. Niederlage der Insubrer gegen Marcellus. »Freiheitsproklamation« für alle Griechen bei den Isthmischen Spielen durch Flamininus. Seine Regelung der griechischen Verhältnisse. Antiochos' Ankunft in Thrakien und Zusammentreffen mit römischen Gesandten in Lysimacheia. Inthronisation Ptolemaios' V. in Memphis

195 Römische Gesandtschaft in Karthago: Hannibal geht ins Exil. Überfälle Massinissas auf karthagisches Gebiet. Kämpfe Catos in Spanien gegen Aufständische. Abrogation der *Lex Oppia*. Römischer Krieg gegen Nabis, der sich unterwirft. Hannibal bei Antiochos in Ephesos. Tod des Eratosthenes und Nachfolge des Aristophanes von Byzantion als Leiter der Bibliothek in Alexandria

194 Krieg zwischen Rom und den Lusitanern. Latinische Kolonie in Buxentum. Weihung des Tempels der Juno Sospita auf dem Forum Holitorium. Rückkehr des Flamininus nach Italien. Räumung Griechenlands durch die Römer. Antiochos erneut in Thrakien. Heirat zwischen Ptolemaios V. und Kleopatra, Tochter des Antiochos. Erneute Verhandlungen zwischen Antiochos und Rom

193 Massinissa verwüstet karthagisches Gebiet. Ätolisches Unterstützungsangebot an Antiochos. Vertragsbruch des Nabis und Angriff des Achaiischen Bundes. Römische Gesandtschaft an Antiochos. Bruch zwischen Antiochos und Rom

192 Römische Kriegserklärung an Antiochos (Seleukidisch-Römischer Krieg; bis 188). Niederlage und Tod des Nabis. Sparta Zwangsmitglied des Achaiischen Bundes. Überraschungsangriff der Ätoler auf Demetrias

191 Auf Einladung der Ätoler Übergang des Antiochos nach Griechenland. Römische Ablehnung des karthagischen Angebotes, die Kriegslasten sofort zurückzuzahlen. Niederlage der Boiier gegen Scipio Nasica. Weihung des Tem-

pels der Magna Mater. Kalenderreform nach der Lex Acilia. Landung des Acilius in Griechenland. Niederlage des Antiochos bei den Thermopylen und Flucht nach Ephesos. Römischer Krieg gegen die Ätoler. Überfahrt der römischen Flotte unter C. Livius Salinator nach Kleinasien. Anschluß von Eumenes II. und Rhodos an Rom. Niederlage der Flotte des Antiochos bei Korykos

190 Wiederbesiedlung von Placentia und Cremona. Die Scipionen in Griechenland. Waffenstillstand Roms mit den Ätolern. Niederlage der Flotte des Antiochos bei Side und Myonnesos. Landung der Scipionen in Kleinasien. Niederlage des Antiochos bei Magnesia

189 Latinische Kolonie in Bononia. Registrierung der Campaner als römische Bürger und Aufnahme von Libertinen in ländliche Tribus. Belagerung und Fall von Ambrakia: Unterwerfung der Ätoler unter die Römer. Austritt Spartas aus dem Achaiischen Bund. Friedensschluß zwischen Rom und den Ätolern. Friedensverhandlungen zwischen Rom und Antiochos in Sardes. Vernichtung der Galater durch Cn. Manlius Vulso

188 Verleihung des Vollbürgerrechts an Arpinum, Formiae und Fundi. Unterwerfung Spartas durch den Achaiischen Bund unter Philopoimen. Vertrag von Apamea zwischen Rom und Antiochos. Regelung der Verhältnisse in Asien

187 Bau der Via Aemilia. Weihung des Tempels des Hercules Musarum. Ausweisung der Latiner aus Rom. Politische Angriffe auf die Scipionen. Tod des Antiochos und Nachfolge durch Seleukos IV.

186 Niederlage des Marcius Philippus gegen die Ligurer. *Senatus consultum de Bacchanalibus*. Römische Gesandtschaft bei Philipp. Angriff Prusias' I. von Bithynien auf Pergamon

184 Zensur Catos. Bau der Basilica Porcia. Demetrios, Sohn Philipps V., in Rom. Geburt des Panaitios. Tod des Plautus

184/183 Tod des Scipio Africanus in Liternum

183 Römische Bürgerkolonien in Parma und Mutina. Aufstand

Messeniens gegen den Achaiischen Bund: Tod des Philopoimen. Krieg zwischen Pontos und Pergamon

182 Einfälle Massinissas in karthagisches Gebiet. Tod Hannibals in Bithynien

181 Krieg zwischen Rom und den Keltiberern in Spanien. Latinische Kolonie in Aquileia. Umsiedlung von 40000 Liguriern in samnitisches Gebiet. *Lex Baebia de ambitu*. Feldzug Philipps auf dem Balkan. Tod Ptolemaios' V. und Nachfolge durch Ptolemaios Philometor

180 Gründung von Gracchuris in Spanien. Latinische Kolonie in Luca als letzte Gründung einer latinischen Kolonie in Italien. *Lex Villia Annalis*. Ermordung des Demetrios durch seinen Vater Philipp V. Ende des Krieges zwischen Pontos und Pergamon. Geburt des Lucilius

um 180 Tod des Aristophanes von Byzantion: Nachfolge des Aristarchos von Samothrake als Leiter der Bibliothek in Alexandria

179 Beendigung des Keltiberischen Krieges durch Ti. Sempronius Gracchus; Verträge mit den Keltiberern. Baubeginn an der Basilica Aemilia. Tod Philipps V. und Nachfolge durch Perseus

178 Feldzug der Römer in Istrien

177 Annexion von Istrien. Römische Bürgerkolonie in Luna. Unterwerfung Sardiniens durch Gracchus. Latiner aus Rom in ihre Heimatstädte ausgewiesen

175 Fertigstellung der Via Aemilia zwischen Aquileia und Bononia. Tod Seleukos' IV. und Nachfolge durch Antiochos IV. Epiphanes

173 Streichung der Latiner aus den Bürgerlisten. Ausweisung von zwei epikureischen Philosophen aus Rom

172 Erstmalig zwei plebejische Konsuln im Amt. Anklage des Perseus durch Eumenes II. in Rom. Römische Gesandtschaft in Griechenland

171 Latinische Kolonie in Carteia in Spanien. Krieg zwischen Rom und Perseus (Dritter Römisch-Makedonischer Krieg; bis 168). Einzelerfolge des Perseus

170 Bau der Basilica Sempronia. Unentschiedene Situation in

Griechenland: Erfolge des Perseus in Thessalien. Gemeinsame Herrschaft von Ptolemaios VI., Ptolemaios VII. und Kleopatra II.

169 *Lex Voconia de mulierum hereditatibus*. Q. Marcius Philippus rückt in Makedonien ein. Anschluß des Genthios von Illyrien an Perseus; schwankende Haltung von Rhodos, Pergamon und Bithynien. Krieg zwischen Syrien und Ägypten (Sechster Syrischer Krieg; bis 168). Tod des Ennius

168 Gründung von Corduba in Spanien. Sieg des L. Aemilius Paullus über Perseus bei Pydna. Kämpfe der Römer in Illyrien: Einnahme von Scodra. Antiochos von Rom zum Rückzug aus Ägypten gezwungen. Erklärung von Delos zum Freihafen. Schwächung von Rhodos und Pergamon durch Rom

167 Abschaffung der römischen Bürgersteuer (*tributum*). Plünderung von Epirus und Versklavung der Bevölkerung durch Rom. Aufteilung Makedoniens in vier, Illyriens in drei Teilgebiete. Deportation von Achäern nach Italien: Polybios in Rom. Transport der Bibliothek des Perseus nach Rom

166 Aufführung der *Andria*, des ersten Stückes von Terenz. Aufstand der Makkabäer in Palästina

165 Antiochos im Osten. Bedrohung durch die Parther. Das Buch Daniel

164 Erneute Weihung des Tempels in Jerusalem. Tod des Antiochos Epiphanes und Nachfolge durch den minderjährigen Antiochos V. Eupator

163 Römische Gesandtschaft im Osten mit dem Auftrag, Syrien zu entwaffnen. Sieg des syrischen Reichsverwesers Lysias über die Hasmonäer. Ankunft des Demetrios Soter in Syrien

162 Tod des Lysias und Antiochos' V. Eupator. Anerkennung des Demetrios I. Soter als Nachfolger

161 *Lex Fannia sumptuaria*. Jüdische Gesandtschaft in Rom: Vertragsabschluß. Vertreibung griechischer Philosophen und Lehrer aus Rom

160 Niederlage und Tod des Judas Makkabäus. Tod Eumenes' II. von Pergamon und Nachfolge durch Attalos II.
159 Gesetz gegen Bestechung der beiden Konsuln. Prusias gezwungen, mit Pergamon Frieden zu schließen
um 159 Tod des Terenz
157 Römische Kämpfe in Dalmatia. Judäa unabhängiger Priesterstaat
156 Beginn des Konflikts zwischen Oropos und Athen
155 Vorlesungen über Philosophie und Rhetorik der »Philosophengesandtschaft« (Karneades, Kritolaos und Diogenes) in Rom. Unterwerfung der Dalmater
154 Römischer Krieg mit den Lusitanern (bis 138). Hilfegesuch Massilias an Rom gegen die ligurischen Oxybier
153 Der 1. Januar wird zum Amtsantrittstermin für das Konsulat. Krieg mit den Keltiberern (bis 151)
152 Einfälle Massinissas in karthagisches Gebiet. Anerkennung Jonathans als Hoherpriester durch Alexander Balas, den Rivalen des Demetrios I.
151 Karthagische Kriegserklärung an Massinissa. Rückkehr der achaiischen Verbannten nach Griechenland
150 Karthagische Niederlage. Entscheidung Roms zur Intervention. Tod des Demetrios I. Soter und Nachfolge durch Alexander Balas, der unter ägyptischem Einfluß steht
149 Anschluß Uticas an Rom: Römische Landung in Afrika: Dritter Punischer Krieg (bis 146). Belagerung von Karthago. Einrichtung eines ständigen Gerichtshofes *de repetundis* (*Lex Calpurnia*). Tod Catos und Massinissas. Erhebung in Makedonien unter Andriskos (Vierter Makedonischer Krieg; bis 148). Austritt Spartas aus dem Achaiischen Bund: der achaiische Stratege Diaios drängt auf Krieg
148 Fertigstellung der Via Postumia zwischen Aquileia, Verona, Cremona und Genua. Niederlage des Andriskos; Makedonien römische Provinz
147 Weihung der Tempel für Jupiter Stator und Juno Regina in Rom. Erfolge der Lusitaner unter Viriathus. Scipio Aemilianus römischer Feldherr gegen Karthago. Zustimmung

des römischen Vermittlers zwischen Sparta und dem Achaiischen Bund, L. Aurelius Orestes, zu Austritten aus dem Achaiischen Bund

146 Plünderung und Zerstörung Karthagos. Einrichtung der römischen Provinz Afrika. Krieg zwischen Rom und dem Achaiischen Bund: Niederlage des Diaios gegen Mummius. Plünderung und Zerstörung Korinths. Auflösung des Achaiischen Bundes

145 Ägyptische Intervention in Syrien: Sieg am Oinoparas. Tod von Ptolemaios Philometor und Alexander Balas. Krieg zwischen Alexanders Nachfolger Demetrios II. Nikator (bis 138) und dem zum König ausgerufenen Antiochos VI., den Diodotos Tryphon unterstützt

um 145 Versuch einer *Lex agraria* des Laelius

144 Bau der Aqua Marcia

143 Geburt des Redners M. Antonius. Aufstand der Keltiberer: der Numantinische Krieg (bis 133)

142 Zensur des Scipio Aemilianus. Vollendung der ersten Steinbrücke über den Tiber. Tryphon syrischer König. Unabhängigkeit des jüdischen Staates und Beginn der hasmonäischen Ära

141 Zugeständnisse des Demetrios an die Juden unter dem Hohenpriester Simon. Annexion Babyloniens durch die Parther unter Mithradates I.

140 Geburt des Redners L. Licinius Crassus

139 Einführung der schriftlichen Abstimmung bei Wahlen durch die *Lex Gabinia*. Niederlage und Gefangennahme des Demetrios durch die Parther. Tod Attalos' II. von Pergamon und Nachfolge durch Attalos III.

138 Tod des Viriathus in Lusitanien. Tod des Tryphon. Antiochos VII. Euergetes Sidetes syrischer König

137 D. Brutus in Lusitanien. Niederlage und Kapitulation des Konsuls Mancinus in Spanien: Abschluß eines Vertrags mit den Numantinern, den Mancinus sofort bricht. Einführung der schriftlichen Abstimmung in den Gerichtshöfen durch die *Lex Cassia*

136 Erster Sklavenaufstand in Sizilien (bis 132) unter der Führung von Eunus und Kleon. Niederlage des Prätors L. Hypsaeus

134 Tod des Hohenpriesters Simon und Nachfolge durch Johannes Hyrkanus. Judäa erneut in der Gewalt der Seleukiden

133 Der Volkstribun Ti. Sempronius Gracchus bringt eine *Lex agraria* ein. Opposition im Senat. Absetzung des Volkstribunen Octavius durch Ti. Gracchus. Verabschiedung des Gesetzes und Einrichtung einer Agrarkommission. Pergamon von Attalos III. Rom hinterlassen. Ermordung des Ti. Gracchus am Vorabend von Neuwahlen. Eroberung Numantias durch Scipio Aemilianus und Regelung der spanischen Verhältnisse

132 Anklage gegen die Anhänger des Ti. Gracchus vor außerordentlichen Gerichten unter Vorsitz der Konsuln Popilius und Rupilius. Fortsetzung der Tätigkeit der Agrarkommission. Sieg des P. Rupilius über die Sklaven bei Enna: Neuorganisation Siziliens nach der *Lex Rupilia.* Aufstand des Aristonikos von Pergamon nach dem Tod Attalos' III.

131 Einführung der schriftlichen Abstimmung bei Gesetzesanträgen durch die *Lex tabellaria* des Volkstribunen Papirius Carbo. Bürgerkrieg in Ägypten. Vertreibung des Ptolemaios Physkon aus Alexandria. Kleopatra II. Alleinherrscherin

130 Sieg des Konsuls Perperna über Aristonikos. Niederlage und Tod des Antiochos VII. Sidetes im Krieg gegen die Parther

129 Tod des Scipio Aemilianus nach Volksunruhen bei den Feriae Latinae. Triumph des Sempronius Tuditanus über die illyrischen Japyden. Organisation Kleinasiens als Provinz durch Perperna und Manius Aquilius. Die Übergabe Phrygiens an Mithradates V. von Pontos durch Aquilius vom Senat abgelehnt. Wiedereinsetzung des Ptolemaios Physkon in Alexandria, jedoch Andauer des Bürgerkriegs. Tod des Akademikers Karneades, des Gründers der Neuen Akademie

126 Verbot des Zuzugs von Fremden nach Rom durch die *Lex de peregrinis* des Volkstribunen M. Iunius Pennus. Unruhen in Sardinien: Kämpfe unter L. Aurelius Orestes

125 Vorschlag des Konsuls M. Fulvius Flaccus auf Verleihung des Bürgerrechts an die Italiker vom Senat zurückgewiesen. Niederwerfung eines Aufstandes in der latinischen Kolonie Fregellae

124 Umsiedlung der Einwohner Fregellaes in die neue Kolonie Fabrateria. Krieg in Gallien gegen Arverner und Allobroger

123 Volkstribunat des C. Sempronius Gracchus. Zahlreiche Gesetzesvorschläge und Wiederwahl des C. Gracchus für 122. Widerruf der *Lex Rubria* (122?), die die Gründung der Kolonie Iunonia auf dem ehemaligen Gebiet Karthagos vorsieht. Gründung von Castellum bei Aquae Sextiae in der Nähe von Massilia

122 Gegenvorschläge des Volkstribuns M. Livius Drusus zu den Anträgen des C. Gracchus. *Lex Acilia repetundarum.* Erfolgreiche Opposition gegen die *Lex Sempronia de sociis et nomine Latino*. Wiederwahl des C. Gracchus für 121 scheitert. Eroberung der Balearen durch Q. Caecilius Metellus. Gründung der Kolonien Palma und Pollentia durch Metellus

121 Erstmalige Anwendung des *senatus consultum ultimum.* Ermordung des C. Gracchus während des Aufruhrs in Rom. Hinrichtung seiner Anhänger durch den Konsul Opimius. Sieg des Cn. Domitius Ahenobarbus und des Q. Fabius Maximus über Arverner und Allobroger. Bau der Via Domitia. Ermordung Mithradates' V. von Pontos in Sinope

120 Anklage des Opimius wegen Hinrichtung römischer Bürger *iniussu civium* und Freispruch

119 Gesetz des Marius in seinem Volkstribunat mit dem Ziel, bei Abstimmungen unrechtmäßige Einflußnahme auszuschalten. Abschaffung der von den Gracchen eingesetzten Agrarkommission. Geburt des Geschichtsschreibers Sisenna

118 Gründung der Kolonie Narbo Martius in Gallia Transalpina. Tod des Micipsa, des Nachfolgers Massinissas: Gemeinsame Herrschaft von Adherbal, Hiempsal und Jugurtha in Numidien. Versöhnung zwischen Ptolemaios Physkon und seiner ersten Frau, Kleopatra II.: Generalamnestie und Wiederherstellung der Ordnung in ganz Ägypten

117 Tod Hiempsals, des Sohnes von Micipsa

116 Jugurtha, Adoptivsohn des Micipsa, vergrößert seine Macht. Römische Senatskommission in Numidien zur Regelung der dortigen Verhältnisse. Tod des Ptolemaios Physkon. Abspaltung Kyrenes von Ägypten unter Ptolemaios Apion. Fortgesetzte dynastische Streitigkeiten. Geburt des Universalgelehrten Terentius Varro

115 Regelung der Verteilung von Freigelassenen auf die Tribus durch die *Lex Aemilia* des Konsuls und *princeps senatus* M. Aemilius Scaurus. Erfolgreiche Kämpfe des Aemilius Scaurus gegen Ligurer und Gallier. Machtergreifung Mithradates' VI. in Pontos und Beginn seiner Politik einer territorialen Expansion

114 Marius in Spanien. Niederlage des C. Cato gegen die Skordisker in Makedonien. Geburt des Redners Q. Hortensius

113 Niederlage des Cn. Carbo gegen die Kimbern bei Noreia in Noricum. Plünderung Cirtas, der Hauptstadt von Numidien, durch Jugurtha: Ermordung italischer Kaufleute

112 Römische Kriegserklärung an Jugurtha

111 *Lex Thoria agraria* in Rom. Vertrag des Konsuls L. Calpurnius Bestia mit Jugurtha in Afrika. Jugurtha in Rom. Fortsetzung des Jugurthinischen Krieges (bis 105)

110 Niederlage des Legaten A. Postumius Albinus gegen Jugurtha

109 Einsetzung der *quaestio Mamilia* als außerordentliches Gericht in Rom. Erfolge des Konsuls Q. Caecilius Metellus gegen Jugurtha. Tod des stoischen Philosophen Panaitios. Geburt des T. Pomponius Atticus

107 Aufnahme von Freiwilligen und Proletariern in das römische Heer durch Marius in seinem ersten Konsulat. Ablösung des Metellus durch Marius und Einnahme von Capsa.

Niederlage und Tod des L. Cassius Longinus im Kampf gegen die Tiguriner

106 Zug des Marius durch Westnumidien. Auslieferung Jugurthas an Sulla durch Bocchus von Mauretanien. Ausdehnung der schriftlichen Abstimmung auf Verfahren wegen *perduellio* durch die *Lex Caelia tabellaria*. Geburt von Cicero und Pompeius

105 Niederlage des Mallius Maximus und Servilius Caepio gegen Kimbern und Teutonen bei Arausio. Geburt des Decimus Laberius, eines italischen Verfassers von Mimen

104 Neuorganisation des römischen Heers durch Marius in seinem zweiten Konsulat. Einführung der Wahl für die Mitglieder der Priestercollegien durch die *Lex Domitia de sacerdotiis*. Beginn des Zweiten Sizilischen Sklavenkrieges (bis 101)

103 *Lex frumentaria* des Volkstribunen L. Appuleius Saturninus. Einrichtung eines neuen ständigen Gerichtshofes durch die *Lex Appuleia de maiestate*. Landanweisungen in Afrika für die Veteranen des Marius auf Initiative des Saturninus. Drill des römischen Heeres in Gallia Transalpina unter Marius in seinem dritten Konsulat. Alexander Iannaios Priesterkönig in Judäa

102 Sieg des Marius in seinem vierten Konsulat über die Teutonen bei Aquae Sextiae. Kämpfe des M. Antonius in Kilikien gegen die Seeräuber. Tod des römischen Satirikers Lucilius

101 Sieg des Marius in seinem fünften Konsulat und des Q. Lutatius Catulus über die Kimbern bei Vercellae in Gallia Cisalpina. Teilung Paphlagoniens und Besetzung Galatiens durch Mithradates VI. Eupator und Nikomedes II. von Bithynien

100 Sechstes Konsulat des Marius. Gesetzgebung des Saturninus in seinem zweiten Volkstribunat. Aufruhr in Rom und Abwendung des Marius von seinen Verbündeten Saturninus und Glaucia. Wiederherstellung der Ordnung nach dem *senatus consultum ultimum* durch Marius. Tod von Glaucia und Saturninus. Beendigung des Zweiten Sizilischen Sklavenkrieges durch M'. Aquillius. Gründung der

Kolonie Eporedia in Gallia Cisalpina. Geburt des C. Iulius Caesar

98 Marius in Kleinasien. *Lex Caecilia Didia* verbietet Abstimmung über Gesetzespakete. Niederschlagung eines Aufstandes der Lusitaner. Statthalterschaft des Q. Mucius Scaevola und des Rutilius Rufus in Asia

96 Auftrag an Sulla (97 Prätor), Ariobarzanes als König in Kappadokien einzusetzen. Tod des Ptolemaios Apion: Kyrene testamentarisch Rom hinterlassen

95 Vertreibung der *socii* aus Rom durch die *Lex Licinia Mucia*. Konsulat des Q. Mucius Scaevola. Aufforderung Roms an Mithradates, Paphlagonien und Kappadokien zu räumen. Tigranes König von Armenien

94 Tod des Nikomedes III. (Euergetes) von Bithynien

92 Verurteilung des Rutilius Rufus auf Grund einer Anklage *de repetundis*. Verbot der Tätigkeit der *Latini rhetores* durch die Zensoren

91 Volkstribunat des M. Livius Drusus. Scheitern seiner Reformpläne zugunsten der *socii*. Ermordung des Livius Drusus. Ausbruch des Bundesgenossenkrieges (bis 88). Ermordung aller Römer in Asculum.

90 Römische Niederlagen im Bundesgenossenkrieg. Vollbürgerrecht allen treugebliebenen Bundesgenossen angeboten

89 Aufforderung des Legaten M'. Aquillius an Nikomedes IV., sich gegen Mithradates zu wenden. Erweiterung des Angebots auf Bürgerrechtsverleihung durch die *Lex Plautia Papiria*. Verleihung des latinischen Rechts an Gallia Transpadana durch die *Lex Pompeia*. Einnahme von Asculum durch die Römer. Sieg des Cn. Pompeius Strabo und Sullas bei Nola

88 Schrittweise Unterdrückung der allein noch revoltierenden Samniten. Gesetzesvorschlag des Volkstribunen P. Sulpicius Rufus, die Neubürger auf alle 35 Tribus zu verteilen und Marius statt Sulla das Oberkommando in Kleinasien zu übertragen. Sullas Marsch auf Rom. Rücknahme der *Leges Sulpiciae* und Stärkung der Stellung des Senats durch einige Gesetze. Flucht des Marius. Einfall des Mithradates in

Kleinasien und Massenmord an den dort lebenden Römern (Erster Mithradatischer Krieg; bis 85). Anschluß Athens an Mithradates. Erfolglose Belagerung von Rhodos durch den König

87 Revolte Cinnas in Rom. Rückkehr des Marius: Massenmord an Anhängern Sullas. Landung Sullas in Griechenland und Belagerung Athens

86 Geburt Catulls. Tod des Marius (in seinem siebten Konsulat). Cinna Konsul bis 84. Entsendung des L. Valerius Flaccus und des C. Flavius Fimbria nach Kleinasien. Einnahme Athens durch Sulla und Siege bei Chaironeia und Orchomenos. Vertrag Sullas mit Mithradates in Dardanos. Sullas Regelung der kleinasiatischen Verhältnisse: Rückführung von Nikomedes und Ariobarzanes auf den Thron, Belohnung von Rhodos. Geburt Sallusts

84 Verteilung der Neubürger auf alle Tribus. Ermordung Cinnas durch Meuterer. Carbo alleiniger Konsul

83 Landung Sullas in Italien. Unterstützung durch Pompeius. Zweiter Mithradatischer Krieg (bis 81) eigenmächtig von L. Licinius Murena begonnen. Text der Werke des Aristoteles von Sulla nach Rom gebracht

82 Bürgerkrieg in Italien. Sieg Sullas über die Anhänger des Marius und die Samniten am Collinischen Tor. Proskriptionen. Aufbruch des Sertorius nach Spanien. Siegreiche Kämpfe des Pompeius gegen Sullagegner in Sizilien. Vertreibung des Murena aus Kappadokien. Befehl Sullas, die Feindseligkeiten einzustellen

81 Sulla Diktator »legibus scribundis et rei publicae constituendae«. Neuordnung der Verfassung durch Sulla und Reform des Strafrechts. Erfolge des Pompeius gegen Anhänger des Marius in Afrika. Vertreibung des Sertorius aus Spanien durch den Statthalter Annius Luscus. Ciceros Rede »Pro Quinctio«

80 Erneute Landung des Sertorius in Spanien: Aufstellung eines Heeres und Führung des Aufstandes der Lusitaner. Sieg über den Statthalter Fufidius. Auf Veranlassung Sullas Einsetzung Ptolemaios' XI. Alexanders II. als König von Ägyp-

ten; Ermordung durch die Alexandriner. Thronbesteigung Ptolemaios' XII. Auletes

um 80 Ciceros Rede »Pro Sex. Roscio Amerino«

79 Niederlegung der Diktatur durch Sulla. Niederlage des Q. Caecilius Metellus Pius gegen Sertorius. Cicero in Athen und Rhodos

78 Tod Sullas in Kampanien. Versuch des Aemilius Lepidus, die sullanische Verfassung zu stürzen. Krieg gegen die Seeräuber unter P. Servilius Vatia Isauricus (bis 76) in Lykien, Pamphylien und Isaurien

77 Niederlage des Lepidus gegen Catulus und Pompeius: Tod in Sardinien. Cn. Cornelius Dolabella von Caesar wegen Ausbeutung seiner Provinz angeklagt. Anschluß des Perperna an Sertorius. Übertragung des Kommandos in Spanien an Pompeius; unterwegs Niederschlagung eines Aufstandes in Gallia Transalpina

76 Versuch der Wiederherstellung der vollen tribunizischen Gewalt durch den Volkstribunen Cn. Sicinius erfolglos. Erfolge des Sertorius gegen Metellus und Pompeius. Abkommen zwischen Sertorius und Mithradates. Tod des Alexander Iannaios: Salome Alexandra Königin von Judäa

75 Aufhebung des sullanischen Verbotes, nach dem Volkstribunat weitere Ämter zu bekleiden, durch die *Lex Aurelia*. Cicero Quästor in Sizilien

74 Kyrene römische Provinz. Übertragung des *imperium infinitum aequum* an den Prätor M. Antonius im Krieg gegen die Seeräuber. Kriegserklärung des Mithradates an Rom und Einfall in Bithynien (Dritter Mithradatischer Krieg; bis 63). Übertragung des Kommandos gegen Mithradates an L. Lucullus. Tod Nikomedes' IV. von Bithynien: Bithynien testamentarisch Rom hinterlassen

73 Agitation für die Wiederherstellung der vollen tribunizischen Gewalt durch den Volkstribunen C. Licinius Macer. *Lex Terentia Cassia* über Vorratshaltung und Verteilung von Korn. Aufstand des Spartacus in Capua. Entsetzung von Kyzikos und Sieg über Mithradates am Rhyndakos durch Lucullus

72 Erfolge des Spartacus: Sieg über Cassius Longinus bei Mutina. Ermordung des Sertorius durch Perperna. Niederlage Perpernas gegen Pompeius und Neuordnung der Provinz Spanien. Siege des L. Lucullus über Mithradates in Pontos. Sieg des M. Lucullus über Besser und Dardaner und Verwüstung Thrakiens

71 Niederlage des M. Antonius gegen die kretischen Seeräuber. Sieg des Crassus über das Heer des Spartacus in Lucanien. Rückkehr des Pompeius aus Spanien. Vorgehen des L. Lucullus gegen Ausbeutung der Provinz Asien durch Römer. Einnahme von Amisos und der letzten Stützpunkte des Mithradates in Pontos. Flucht des Mithradates zu Tigranes von Armenien

70 Erstes Konsulat des Crassus und Pompeius. Wiederherstellung der vollen tribunizischen Gewalt. *Lex Aurelia* über die Neubesetzung der Gerichtshöfe. Prozeß gegen den sizilischen Statthalter Verres. Ciceros Reden gegen Verres. Geburt Vergils

69 Einfall des Lucullus in Armenien: Einnahme von Tigranocerta

68 Rückkehr des Mithradates nach Pontos. Unzufriedenheit im Heer des Lucullus. Einnahme von Nisibis. Beginn der Korrespondenz Ciceros

67 *Lex Cornelia* »ut praetores ex edictis suis perpetuis ius dicant«. Gesetze der Volkstribunen Cornelius und Gabinius: Übertragung eines außerordentlichen Kommandos an Pompeius gegen die Seeräuber, von denen er das Mittelmeer befreit (*Lex Gabinia*). Tod der Salome Alexandra: Bürgerkrieg in Judäa. Tod Sisennas auf Kreta

66 Übertragung des Kommandos im Mithradatischen Krieg an Pompeius (*Lex Manilia*). Erste Catilinarische Verschwörung. Ablösung des Lucullus durch Pompeius. Abkommen des Pompeius mit Phraates III. von Parthien: Angriff der Parther auf Tigranes. Endgültige Niederlage des Mithradates. Cicero Prätor. Ciceros Reden »De imperio Cn. Pompei« und »Pro Cluentio«

65 Crassus Zensor: Scheitern seines Versuches, ein Kommando

für Ägypten zu erhalten. Kämpfe des Pompeius gegen Iberer und Albaner zwischen dem Kaspischen und Schwarzen Meer. Geburt von Horaz in Venusia in Apulien. Vertreibung nicht-italischer Fremder aus Rom, um illegale Anmaßung des Bürgerrechts zu verhindern

64 Pompeius in Syrien. Ende der Seleukidenherrschaft

63 Cicero Konsul. Ablehnung der *Lex agraria* des Volkstribunen Rullus (Ciceros Rede »De lege agraria«). Hochverratsprozeß des Rabirius (Ciceros Rede »Pro C. Rabirio«). Erfolgreiche Verteidigung des designierten Konsuls Murena durch Cicero (Rede »Pro Murena«). Wahl Caesars zum Pontifex maximus. Geburt des C. Octavius, des ersten Prinzeps. Catilinarische Verschwörung (Reden Ciceros »In Catilinam«) durch Gesandte der Allobroger verraten. Hinrichtung der Verschwörer. Pompeius in Damaskus und Jerusalem. Aufenthalt in Amisos und Organisation der eroberten Gebiete. Fall Jerusalems und Ende der Macht der Hasmonäer. Tod des Mithradates auf der Krim

62 Niederlage und Tod Catilinas bei Pistoria. Frevelhaftes Eindringen des Clodius beim Bona-Dea-Fest. Bithynien, Kilikien und Syrien werden römische Provinzen. Annexion Kretas durch Rom. Organisation der neuen Provinzen und Einsetzung von Klientelfürsten durch Pompeius: Pharnakes II. (kimmerischer Bosporus), Deiotarus (Tetrarch der Tolistobogier, später König in Galatien), Brogitarus (Tetrarch der Tokmer), Ariobarzanes (Kappadokien) und Antiochos (Kommagene). Vermittlung des Pompeius zwischen Tigranes und Phraates; Übergabe von Osrhoëne an Abgaros; Einsetzung von Hyrkanos als Hoherpriester in Judäa; Anerkennung der Unabhängigkeit des nabatäischen Königs Aretas III. Landung des Pompeius in Italien und Entlassung seines Heers.

61 Opposition im Senat gegen die *acta* des Pompeius. Triumph des Pompeius am 28. September. Prozeß und Freispruch des Clodius. Caesar Statthalter in Hispania Ulterior. Aufstand der Allobroger gegen die römische Ausbeutung. Hilfege-

such der von den Sequanern mit Unterstützung Ariovists unterdrückten Häduer an Rom

60 Opposition im Senat gegen die *Lex agraria* des Volkstribunen L. Flavius, die die Veteranen des Pompeius mit Land versorgen soll. Scheitern des Gesetzes. Caesars Rückkehr aus Spanien. Geheimes Abkommen zwischen Caesar, Crassus und Pompeius: Dreibund. Entscheidung der Helvetier, in westlichere Gebiete auszuwandern

59 Caesar Konsul: Umfangreiche Gesetzgebung, die auch die Forderungen des Pompeius und des Crassus durchsetzt. Heirat des Pompeius mit Caesars Tochter Iulia. Übertragung der Provinzen Gallia Cisalpina und Illyricum an Caesar durch die *Lex Vatinia*; auf Senatsbeschluß wird Gallia Transalpina hinzugefügt. Anerkennung des Ptolemaios Auletes als ägyptischer König durch den Senat

58 Unterdrückung der Opposition gegen den Dreibund durch den Volkstribun P. Clodius. Verbannung Ciceros und Auftrag an Cato, Zypern für Rom zu annektieren. *Lex frumentaria* des Clodius. Siege Caesars über die Helvetier und Ariovist (Gallischer Krieg; bis 51). Überwinterung des römischen Heers bei Vesontio. Vertreibung des Ptolemaios aus Alexandria

57 Bandenkrieg in Rom zwischen Clodius und Milo. Rückkehr Ciceros aus dem Exil. Pompeius mit der *cura annonae* betraut. Flucht des Ptolemaios Auletes nach Rom wirft erneut die ägyptische Frage auf. Siege Caesars über die Belger und Nervier. P. Crassus in der Normandie. Catull mit C. Helvius Cinna im Stab des Statthalters C. Memmius in Bithynien. Bürgerkrieg in Parthien zwischen Mithradates III. und Orodes II.

56 Differenzen im Dreibund durch ein erneutes Abkommen in der Konferenz von Luca beigelegt. Angriffe Ciceros auf Caesars *Lex agraria*, die den *ager Campanus* verteilt. Ciceros Reden »Pro Sestio« und »De provinciis consularibus«. Rückkehr Catos aus Zypern. Kämpfe Caesars gegen Veneter und Moriner

55 Konsulat von Crassus und Pompeius. Übertragung von Imperien an die Mitglieder des Dreibunds durch die *Lex Trebonia* und die *Lex Pompeia Licinia*. Ausrottung der Usipeter und Tenkterer durch Caesar; Bau der Rheinbrücke; erster Feldzug nach Britannien. Weihung des ersten Steintheaters in Rom durch Pompeius. Ciceros Rede »In Pisonem« und sein Werk *De oratore*

54 Pompeius übt seine Statthalterschaft in Spanien durch Legaten aus und bleibt bei Rom. Konsulwahlen durch Aufruhr verhindert. Caesars zweiter Feldzug nach Britannien. Um sich greifender Aufstand in Nordostgallien; Niederlage der Legaten Q. Titurius Sabinus und L. Aurunculeius Cotta. Vorbereitungen des Crassus in Syrien für einen Feldzug gegen die Parther. Wiedereinsetzung des Ptolemaios in Ägypten durch den Statthalter von Syrien, A. Gabinius. Kapitulation des Mithradates III. bei Seleukeia und Ermordung durch Orodes II. Krieg zwischen Römern und Parthern

53 Konsulwahlen für 53 erst im Juli möglich. Andauernder Bandenkrieg zwischen Clodius und Milo. Niederlage und Tod des Crassus gegen die Parther in der Schlacht bei Karrhai; Reorganisation des restlichen Heers durch den Quaestor C. Cassius Longinus. Unruhen in ganz Gallien. Befriedung der Senonen, Carnuten und Nervier durch Caesar. Zweite Rheinbrücke. Verwüstung des Gebiets der Eburonen. Caesars Werk *De analogia*

52 Ermordung des Clodius durch Milo. Bis August Pompeius alleiniger Konsul. Anklage gegen Milo und Exil in Massilia. Umfangreiche Gesetzgebung des Pompeius. Gesetz der zehn Volkstribunen, das Caesar die Bewerbung um das Konsulat in Abwesenheit gestattet. Allgemeiner Aufstand in Mittelgallien unter Vercingetorix. Caesar von Gergovia zurückgetrieben. Belagerung Alesias und Kapitulation des Vercingetorix. Überwinterung Caesars in Gallien. Ciceros nicht öffentlich gehaltene Rede »Pro Milone«

51 Opposition der Optimaten gegen Caesar. Curio geht zu Caesar über. Aufstand der Bellovaker und Belagerung von Uxellodunum. Parthischer Einfall in Syrien. Bibulus als

Statthalter nach Syrien und Cicero als Statthalter nach Kilikien gesandt. Tod des Ptolemaios Auletes. Heirat Ptolemaios' XIII. mit seiner Schwester Kleopatra VII. und gemeinsame Regierung. Veröffentlichung von Ciceros Werk *De re publica* und Caesars *Commentarii de bello Gallico*. Der Stoiker Poseidonios in Rom

50 Senatsbeschluß über die Nachfolge Caesars in Gallien durch das Veto des Volkstribunen C. Scribonius Curio verhindert. Krankheit des Pompeius im Sommer. Vorschlag Curios auf Abgabe des Imperiums durch Caesar *und* Pompeius trotz überwiegender Billigung an Veto gescheitert. Der Konsul M. Claudius Marcellus bittet Pompeius, den Staat zu retten. Die Volkstribunen verlassen Rom. Regelung der Verhältnisse in Gallien durch Caesar und Zug nach Norditalien. Übergang über den Rubicon. Tod des Hortensius

49 Römischer Bürgerkrieg. Pompeius' Übergang nach Griechenland. Notstandsgesetzgebung Caesars in seiner Eigenschaft als Diktator. Niederlage der pompeianischen Truppen bei Ilerda in Spanien. Belagerung und Kapitulation von Massilia. Niederlage und Tod Curios als Anführer des caesarischen Heers in Afrika im Kampf gegen Juba und den pompeianischen Befehlshaber Varus. Krieg zwischen Kleopatra und Ptolemaios XIII.

48 Caesar erneut Konsul. Unruhen in Italien: Tod der Anstifter Caelius und Milo. Caesars Landung in Griechenland. Niederlage Caesars bei Dyrrhachion und Sieg über Pompeius bei Pharsalos (6. Juni). Ermordung des Pompeius in Ägypten (28. September). Ankunft Caesars in Ägypten: der Alexandrinische Krieg; Tod Ptolemaios' XIII. Einsetzung Kleopatras und ihres Bruders Ptolemaios XIV. als Herrscher durch Caesar. Niederlage des Domitius Calvinus im Kampf gegen den bosporanischen König Pharnakes bei Nikopolis in Pontos

47 Caesar zum zweitenmal zum Diktator ernannt (in Abwesenheit). Versuch des M. Antonius, als *magister equitum* die Ordnung in Italien aufrechtzuerhalten. Aufbruch Caesars aus Ägypten und Sieg über Pharnakes bei Zela. Ordnung der

Verhältnisse in Syrien und Kleinasien. Ankunft Caesars in Italien und Niederschlagung einer Meuterei in Kampanien. Notmaßnahmen zur Regelung der Schulden. Aufbruch Caesars im Oktober nach Afrika zum Krieg gegen die dortigen pompeianischen Truppen. Geburt des Properz

46 Caesars afrikanischer Feldzug. Sieg bei Thapsus am 6. Februar. Selbstmord Catos. Einrichtung der römischen Provinz Africa Nova. Caesar zum drittenmal Diktator und zum drittenmal Konsul. Nach seiner Rückkehr aus Afrika Triumph über Gallien, Ägypten, Pontos und Afrika im Sommer. Umfangreiche Gesetzgebung auf gesellschafts-, verfassungs- und rechtspolitischem Gebiet (einige Gesetze 45 oder 44?). Kalenderreform. Im November Aufbruch Caesars nach Spanien. Ciceros Reden »Pro Marcello« und »Pro Q. Ligario« und sein Werk *Orator ad M. Brutum*

45 Caesar zum viertenmal Diktator und zum viertenmal Konsul. Sieg über die Pompeianer bei Munda (17. März). Außerordentliche Ehrungen für Caesar in Rom. Rückkehr aus Spanien und Triumphe von Caesar, Fabius und Pedius. Ciceros Rede »Pro rege Deiotaro«; seine Werke *De finibus bonorum et malorum*, *Academica* und *Cato*. Caesars *Anticato*

44 Caesar Diktator auf Lebenszeit und zum fünftenmal Konsul. Verschwörung gegen Caesar und Opposition einiger Volkstribunen gegen ihn. Öffentliche Ablehnung der Krone durch Caesar (15. Februar). Am 15. März Ermordung Caesars. Rückkehr Octavians aus Apollonia. Übertragung eines fünfjährigen Kommandos in Gallia Cisalpina und Gallia Transalpina an Antonius durch die Volksversammlung. Ciceros Werke *De natura deorum*, *De officiis* und *Tusculanae disputationes*. 1. und 2. »Philippische Rede«

43 Aufhebung der Belagerung von Mutina durch Antonius: Tod der Konsuln Hirtius und Pansa. Ermordung des D. Brutus in Gallien auf Befehl des M. Antonius. Octavian zum Konsul ernannt (August). Triumvirat zwischen Octavian, M. Antonius und M. Aemilius Lepidus (November). Pro-

skriptionen: Ciceros Tod in Formiae. Geburt Ovids in Sulmo. M. Brutus in Makedonien, Cassius in Syrien

42 Sizilien in der Kontrolle des Sextus Pompeius. Schlacht bei Philippi (im Herbst) gegen die Caesarmörder: Selbstmord des Cassius und des M. Brutus. Thronbesteigung von Ariarathes X. in Kappadokien. Geburt des Tiberius

41 Perusinischer Krieg in Italien zwischen Octavian auf der einen Seite und L. Antonius und Fulvia auf der anderen. M. Antonius in Kleinasien: Zusammentreffen mit Kleopatra in Tarsos und Besuch Alexandrias

40 Übergabe Perusias an Octavian durch L. Antonius. Teilung der römischen Welt im Vertrag von Brundisium (Oktober). Heirat zwischen M. Antonius und Octavia. Vertreibung der illyrischen Parthiner aus Makedonien durch L. Marcius Censorinus. Tod des Deiotarus, Königs von Galatien. Parthischer Einfall in Syrien. Förmliche Einsetzung des Herodes als König von Judäa durch den römischen Senat. Vergils 4. Ekloge

39 Vertrag von Misenum zwischen Octavian, M. Antonius und Sextus Pompeius (Frühjahr). Wiedereinnahme von Salona in Dalmatien durch C. Asinius Pollio. Agrippas Feldzüge in Gallien. Aufenthalt des M. Antonius und der Octavia in Athen (Winter). Sieg des P. Ventidius Bassus über die Parther am Amanos

39/38 Divinisierung Caesars

38 Heirat zwischen Octavian und Livia Drusilla (Januar). Erfolg des Sextus Pompeius gegen Octavian in der Meerenge von Messina. Endgültiger Sieg des Ventidius Bassus und Tod des Pakoros bei Gindaros. Einnahme von Samosata durch M. Antonius

37 Vertrag von Tarent: Triumvirat wahrscheinlich verlängert. Einnahme von Jerusalem durch Herodes und C. Sosius. Heirat zwischen M. Antonius und Kleopatra in Antiocheia. Hinrichtung des letzten Makkabäerkönigs Antigonos durch M. Antonius. Hinrichtung des Ariarathes und Thronbesteigung des Archelaos in Kappadokien. Einsetzung des Amyn-

tas zum König von Galatien und des Polemon zum König von Pontos. Varros Werk *De re rustica*

36 Verleihung der tribunizischen *sacrosanctitas* an Octavian. Erneuter Angriff auf Sextus Pompeius. Niederlage Octavians bei Tauromenion (August) und Niederlage des Pompeius bei Naulochos in Sizilien (September). Ausschluß des Lepidus aus dem Triumvirat durch Octavian. Vereinigung des M. Antonius mit P. Canidius Crassus im Feldzug gegen die Parther. Scheitern der Belagerung von Phraaspa und Rückzug des M. Antonius durch Armenien

35 Feldzug Octavians gegen die Japyden. Ermordung des Sextus Pompeius in Kleinasien durch M. Titius

34 Octavian in Dalmatien. Einfall des M. Antonius in Armenien und Gefangennahme des Artavasdes. Triumph des M. Antonius in Alexandria und Übertragung von Königreichen auf die Kinder Kleopatras von Caesar und M. Antonius. Tod Sallusts

33 Octavian zum zweitenmal Konsul; M. Agrippa Ädil. Tod Bocchus' II. und Übernahme ganz Mauretaniens durch Rom. M. Antonius erneut in Armenien

33/32 Aufenthalt des M. Antonius und der Kleopatra in Ephesos (Winter)

32 Octavians Verteidigung seiner Maßnahmen vor dem Senat. Scheidung des M. Antonius von Octavia. Veröffentlichung seines Testaments durch Octavian in Rom. Wiederherstellung des Theaters des Pompeius

31 Octavian zum drittenmal und bis 23 jährlich Konsul. Eroberung Methones in der Peloponnes durch Agrippa; Landung Octavians in Epirus und Sieg über M. Antonius in der Schlacht bei Actium (2. September). Im Winter Aufenthalt Octavians in Kleinasien

30 Übertragung der tribunizischen Gewalt auf Lebenszeit an Octavian. M. Licinius Crassus Konsul. Einnahme von Medien und Wiedereinsetzung des Artaxes als König von Armenien durch Phraates. Selbstmord des M. Antonius und der Kleopatra. Einzug Octavians in Alexandria

30/29 Niederschlagung eines Aufstandes in der Thebais durch Cornelius Gallus

29 Dreifacher Triumph Octavians für den Dalmatinischen Krieg, Actium und Alexandria (13.–15. August). Aufstand der Moriner und Treverer. Erfolge des Crassus auf dem Balkan (bis 28). Weihung des Tempels des Divus Iulius. Schließung der Türen des Janustempels

28 Abhaltung eines Zensus der gesamten Bürgerschaft durch Octavian und Agrippa. *Lectio senatus*. Ernennung von 22 neuen Patrizierfamilien. Weihung des Apollontempels auf dem Palatin (9. Oktober). Beginn der Bauarbeiten am Mausoleum des Augustus. Erfolge Messallas in Aquitanien

27 Niederlegung aller außerordentlichen Gewalten durch Octavian (13. Januar). Verleihung des Titels »Augustus« und Übertragung des *imperium proconsulare* auf zehn Jahre. Teilung der Provinzen in senatorische und kaiserliche. Triumph des Crassus (s. 29). Augustus bis 25 in Gallien und Spanien. Tod Varros. Errichtung des ersten Pantheons durch Agrippa

26 Cornelius Gallus als Präfekt von Ägypten in Ungnade gefallen: Selbstmord

25 Heirat zwischen Iulia und Marcellus. Unterwerfung der Asturer durch Carisius und Antistius. Einsetzung Jubas als König von Mauretanien durch Augustus. Sieg des Terentius Varro über die Salasser im Aostatal. Einrichtung der Provinz Hispania Tarraconensis. Römische Annexion Galatiens nach dem Tod des Amyntas. Erfolge des C. Petronius im Äthiopischen Krieg. Zweijähriger Feldzug des Aelius Gallus in Arabia Felix

24 Aufstand in Spanien. Rückkehr des Augustus nach Rom

23 Krankheit des Augustus. Verschwörung des Fannius Caepio und des A. Terentius Varro Murena. Neuordnung der Verfassung: Verzicht des Augustus auf das Konsulat, Übernahme der vollen *tribunicia potestas* auf Lebenszeit und Verleihung des *imperium proconsulare maius* an ihn. Tod des Marcellus. Agrippa als Stellvertreter des Augustus im Osten.

Veröffentlichung der drei ersten Bücher der Oden von Horaz

22 Ablehnung der Diktatur und des Konsulats auf Lebenszeit durch Augustus, dagegen Übernahme der *cura annonae*. Dreijähriger Aufenthalt des Augustus in Griechenland und Kleinasien

21 Heirat zwischen Agrippa und Iulia

20 Unterdrückung von Unruhen in Gallien und am Rhein durch Agrippa. Rückgabe der römischen Feldzeichen und Gefangenen durch die Parther. Einmarsch des Tiberius in Armenien und Krönung des Tigranes zum König nach der Ermordung des Artaxes. Beginn des Wiederaufbaus des Tempels in Jerusalem. Errichtung des Tempels für Mars Ultor auf dem Kapitol

19 Rückkehr des Augustus nach Rom und Verleihung des vollen *imperium consulare* an ihn. Befriedung Spaniens durch Agrippa. Feldzug des Cornelius Balbus gegen die Garamanten. Triumphbogen des Augustus über die Via Sacra. Tod Vergils und Tibulls

18 Verlängerung des *imperium proconsulare* für Augustus und Agrippa auf fünf Jahre und Übertragung der *tribunicia potestas* an Agrippa. Ehe- und Ehebruchsgesetze des Augustus (*Lex Iulia de maritandis ordinibus* und *Lex Iulia de adulteriis*). Erneute *lectio senatus*: Zahl der Senatoren auf 600 gesenkt

17 Augustus adoptiert seine Enkel Gaius und Lucius. Feier der *ludi saeculares*. *Carmen saeculare* des Horaz

16 P. Silius Nerva annektiert das Königreich Noricum für Rom. Vordringen germanischer Stämme über den Rhein. Augustus für vier Jahre in Gallien. Agrippa im Osten

15 Sieg des Tiberius und des Drusus über Räter und Vindeliker, Vordringen bis zur Donau. Besuch Agrippas in Jerusalem

14 Übergabe des bosporanischen Königreiches an Polemon durch Agrippa. Wiederherstellung der Basilica Aemilia

13 Konsulat des Tiberius. Rückkehr von Augustus und Agrippa und Verlängerung des *imperium proconsulare* für beide. Tod des Lepidus. Operationen des Vinicius in Panno-

nien. Unterdrückung eines Aufstandes in Thrakien (13–11) durch Calpurnius Piso. Weihung des Marcellustheaters und Gelobung der Ara Pacis für Augustus

12 Tod Agrippas. Augustus' Wahl zum Pontifex maximus. Tiberius Oberbefehlshaber in Pannonien. Weihung eines Altars für Rom und Augustus in Lugdunum (Lyon) durch Drusus. Feldzüge des Drusus in Germanien (bis 9). Weihung des Tempels der Vesta auf dem Palatin

11 Scheidung des Tiberius von Agrippina und Heirat mit Iulia, der Witwe Agrippas

10 Herodes legt die Stadt Kaisareia an

9 Tod des Drusus an der Elbe. Strafexpedition des Herodes gegen die Nabatäer. Weihung des Ara Pacis Augustae

8 Verlängerung des *imperium proconsulare* für Augustus auf zehn Jahre. Abhaltung eines Zensus. Kämpfe des Tiberius gegen die Sugambrer in Germanien. Gefangennahme und Ermordung des bosporanischen Königs Polemon durch die Königin Dynamis. Tod von Horaz und Maecenas

7 Triumph des Tiberius über die Sugambrer. Teilung der Stadt Rom in 14 *regiones*, die wiederum in *vici* aufgeteilt sind, die als Verwaltungseinheiten gelten

6 Verleihung der *tribunicia potestas* an Tiberius auf fünf Jahre. Freiwillige Verbannung des Tiberius auf Rhodos. Paphlagonien wird Galatien einverleibt

5 Zwölftes Konsulat des Augustus. Einführung des C. Caesar in die Öffentlichkeit

4 Tod des Herodes

2 Dreizehntes Konsulat des Augustus. Einführung des L. Caesar in die Öffentlichkeit. Verleihung des Titels *pater patriae* an Augustus. Verbannung der Iulia. *Lex Fufia Caninia*. Ermordung des parthischen Königs Phraates IV. und Nachfolge des Phraatakes. Einweihung des Tempels des Mars Ultor

n. Chr.

1 C. Caesar in Syrien und Armenien

2 Rückkehr des Tiberius aus Rhodos. Tod des L. Caesar in

Massilia. Verständigung des C. Caesar mit Phraatakes. Übergabe des armenischen Thrones an Ariobarzanes, den König von Medien, durch C. Caesar. Tod von Ariobarzanes

3 Verlängerung des *imperium* des Augustus auf zehn Jahre

4 Tod des C. Caesar in Lykien. Adoption des Tiberius durch Augustus und Verleihung der *tribunicia potestas* an ihn auf zehn Jahre. Forderung an Tiberius, Germanicus zu adoptieren. *Lex Aelia Sentia* über Freilassung und den Status von Freigelassenen. Feldzüge des Tiberius und des Germanicus in Germanien. Vordringen des Germanicus bis zur Weser

5 Vordringen des Tiberius bis zur Elbe. Einrichtung der *cohortes urbanae* (Polizei) in Rom

6 Einrichtung des *aerarium militare* für die Veteranenversorgung und der *praefectura vigilum* (Kommando über die Feuerwehr). Aufstand in Pannonien und Illyrien. Anerkennung des Marobodus als König der Markomannen. Judäa fällt an Rom und wird unter Aufsicht des syrischen Legaten Sulpicius Quirinus der Provinz Syrien einverleibt. Wiederaufbau des Castortempels durch Tiberius

7 Einrichtung der *praefectura annonae* für die Getreideversorgung Roms

8 Claudius wird Augur. Kapitulation der Pannonier. Verbannung Ovids nach Tomi am Schwarzen Meer

9 Fortsetzung der augusteischen Ehegesetzgebung durch die *Lex Papia Poppaea*. Endgültige Niederschlagung des Aufstandes in Dalmatien. Niederlage des P. Quinctilius Varus gegen Arminius im Teutoburger Wald; Verlust von drei Legionen

10 Wiederherstellung des Tempels der Concordia durch Tiberius, der ihn der Concordia Augusta weiht. Kämpfe des Tiberius und des Germanicus in Germanien (bis 12)

12 Triumph des Tiberius für seinen Sieg über die Pannonier

13 Verlängerung des *imperium* für Augustus auf zehn Jahre. Verleihung der *tribunicia potestas* an Tiberius auf zehn Jahre und Angleichung seines *imperium proconsulare* an das des Augustus

14 Abhaltung des Lustrum. Tod des Augustus (19. August).

Nachfolge des Tiberius als Prinzeps. Ernennung Seians zum Prätorianerpräfekten. Aufstand von Legionen in Germanien und Pannonien. Auftrag an Drusus, die Meuterei in Pannonien niederzuschlagen. Übergang des Germanicus über den Rhein im Kampf gegen die Marser

15 Einfall des Germanicus in das Gebiet der Chatten und nach Niedergermanien. Die Provinz Achaia und Makedonien geht aus senatorischer in kaiserliche Verwaltung über und wird der Provinz Moesia angegliedert

16 Anklage und Selbstmord des Libo Drusus. Erneuter Einfall des Germanicus in Germanien und Rückberufung durch Tiberius

17 Triumph des Germanicus. Ernennung des Cn. Piso zum Legaten von Syrien. Erdbeben in Kleinasien. Germanicus im Osten. Organisation von Kappadokien und Kommagene als römische Provinzen unter kaiserlicher Verwaltung. Erhebung des Tacfarinas in Nordafrika. Tod des Livius in Padua

18 Konsulat des Tiberius (III) und des Germanicus. Germanicus in Kleinasien und Syrien. Übergabe des armenischen Thrones an Artaxias. Germanicus besucht Ägypten ohne kaiserliche Erlaubnis (18–19)

19 Ausweisung der Juden aus Rom. Ermordung des Arminius durch seine eigene Verwandtschaft. Piso verläßt Syrien. Tod des Germanicus in Antiocheia (10. Oktober)

20 Prozeß und Selbstmord des Piso

21 Konsulat des Tiberius (IV) und seines Sohnes Drusus. Zeitweiliger Rückzug des Tiberius nach Kampanien. Aufstand des Iulius Florus und des Iulius Sacrovir in Gallien. Unruhen in Thrakien

21/22 Bau der *castra praetoria* in Rom

22 Verleihung der *tribunicia potestas* an Drusus

23 Tod des Drusus (14. September)

24 Niederlage und Tod des Tacfarinas im Kampf gegen Cornelius Dolabella bei Auzia in Mauretanien

25 Anklage und Selbstmord des Historikers Cremutius Cordus

26 Niederschlagung des Aufstandes in Thrakien durch C. Pop-

paeus Sabinus. Ernennung von Pontius Pilatus zum Statthalter von Judäa

27 Tiberius zieht sich nach Capri zurück

28 Hinrichtung des Titius Sabinus auf Grund einer Anklage wegen *maiestas*. Aufstand der Frisier in Germanien

29 Tod der Livia. Verbannung der Agrippina maior und ihres ältesten Sohnes Nero Caesar

30 Selbstmord des Nero Caesar in Pontia. Verurteilung und Einkerkerung des zweiten Sohnes der Agrippina, Drusus Caesar. Verleihung des *imperium proconsulare* an Seian. Veröffentlichung der *Römischen Geschichte* des Velleius Paterculus

31 Konsulat des Tiberius (V) und des Seian. Verleihung der *toga virilis* und Übertragung eines Priesteramts an Gaius. Verurteilung und Hinrichtung Seians. Ernennung des Q. Naevius Cordus Sutorius Macro zum Prätorianerpräfekten

33 Tod der Agrippina auf der Insel Pandateria. Quästur des Gaius. Finanzkrise in Rom

34 Tod des Tetrarchen Philippos und Eingliederung seines Reiches in Nordpalästina in die römische Provinz Syrien. Tod des Artaxias von Armenien. Einmischung des Partherkönigs Artabanos in Armenien

36 Anklage gegen Pontius Pilatus wegen Mißständen in seiner Provinzialverwaltung und Entsendung nach Rom durch den syrischen Statthalter L. Vitellius

37 Tod des Tiberius (16. März). Nachfolge durch Gaius (Caligula). Konsulat des Gaius und Claudius. Wiedereinrichtung von Kommagene als Klientelkönigtum unter Antiochos. Übertragung eines Klientelkönigtums in Palästina an Iulius Agrippa I. Weihung des Tempels des Divus Augustus

38 Tod und Vergöttlichung der Drusilla, Schwester des Gaius. Pogrom gegen die Juden in Alexandria. Absetzung des Avillius Flaccus als Präfekt von Ägypten. Übertragung des Königreichs Pontos an Polemon II. Einsetzung von Kotys zum König von Armenia Minor

39 Feldzug des Gaius gegen germanische Stämme. Hinrichtung der Verschwörer Cn. Cornelius Lentulus Gaetulicus und M.

Aemilius Lepidus; Verbannung der Schwestern des Gaius, Agrippina minor und Iulia Livilla

40 Zug des Gaius an den Ärmelkanal; Rückkehr nach Rom. Ermordung des mauretanischen Königs Ptolemaios in Rom: Aufstand in Mauretanien. Jüdische Gesandtschaft aus Alexandria in Rom. Übertragung der Gebiete des Herodes Antipas an Herodes Agrippa I. Unruhen in Judäa gegen Gaius

41 Ermordung des Gaius (24. Januar). Erhebung des Claudius (Tiberius Claudius Nero Germanicus) zum Prinzeps. Sieg des Gabinius über die Chauker in Germanien. Beilegung der Streitigkeiten zwischen Juden und Griechen in Alexandria durch Claudius. Erweiterung des Herrschaftsbereichs von Herodes Agrippa I. um Judäa und Samaria. Übertragung des Königreiches Chalcis ad Libanum an den Bruder Agrippas I., Herodes II. Anerkennung der Souveränität des bosporanischen Königreiches unter Mithradates. Übertragung des Königreichs Kilikien an Polemon II. Exil Senecas auf Korsika

42 Aufstand des Statthalters von Dalmatien, L. Arruntius Camillus Scribonianus, und dessen Selbstmord. Niederschlagung des mauretanischen Aufstands und Einrichtung der Provinzen Mauretania Caesariensis und Mauretania Tingitana

43 Feldzug des Aulus Plautius in Britannien. Endgültiger Sieg in Britannien durch Claudius. Einrichtung von Lykien als kaiserliche Provinz

44 Triumph des Claudius über Britannien. Achaia und Makedonien der Verwaltung durch den Senat übergeben. Tod Agrippas I. Wiedereinrichtung von Judäa als römische Provinz

46 Nach Ermordung von Rhoimetalkes III. Einrichtung von Thrakien als kaiserliche Provinz

47 Triumph des Aulus Plautius. Zensur von Claudius und L. Vitellius. Abhaltung der *ludi saeculares*. Wiederherstellung des römischen Einflusses über die Frisier durch Cn. Domitius Corbulo. Ablösung des Plautius in Britannien durch Ostorius Scapula

48 Hinrichtung Messalinas und ihres Liebhabers C. Silius. Heirat des Claudius mit Agrippina. Ventidius Cumanus Prokurator von Judäa bis 52

49 Rückberufung Senecas, Übertragung der Prätur und Ernennung zum Erzieher des L. Domitius Ahenobarbus (Nero)

50 Adoption Neros durch Claudius und Einsetzung als Vormund für Ti. Claudius Britannicus. Unterdrückung des Vordringens von Chatten nach Germanien durch Pomponius Secundus. Übertragung des Königreichs Chalcis an Agrippa II. nach dem Tod von Herodes II.

51 Ernennung des Sex. Afranius Burrus zum Prätorianerpräfekten. Konsulat Vespasians. Niederlage des Caratacus in Wales. Tod des Partherkönigs Gotarzes II., Nachfolge durch Vonones und kurz darauf durch Vologaeses I.

51–52 L. Iunius Gallio Annaeanus Prokonsul in Achaia

52 Vollendung der Wasserleitungen Aqua Claudia und Anio Novus

53 Heirat zwischen Nero und Octavia. Verleihung des Jurisdiktionsrechts an die kaiserlichen Prokuratoren in den Provinzen. Wiederbesetzung Armeniens durch die Parther und Rückgewinnung des Throns durch Tiridates

54 Vergiftung des Claudius durch Agrippina. Nachfolge durch Nero. Vergöttlichung des Claudius. Senecas *Apocolocynthosis*

55 Konsulat von Nero und L. Antistius Vetus. Entfernung des M. Antonius Pallas aus dem Amt *a rationibus*. Vergiftung des Britannicus. Übernahme des Kommandos gegen Armenien und Parthien durch Corbulo und Ummidius Quadratus. Senecas Werk *De clementia* Nero gewidmet

56 Ersetzung der *quaestores aerarii* durch *praefecti aerarii*

57 Auf Befehl Neros Teilnahme von Senatoren und Rittern an den Spielen

58 Ablehnung des Konsulats auf Lebenszeit durch Nero. Vorschlag Neros auf Abschaffung der indirekten Steuern. Angriff Corbulos und römischer Klientelkönige gegen Tiridates. Einnahme von Artaxata durch Corbulo

59 Auf Befehl Neros Ermordung seiner Mutter Agrippina.

Einführung von griechischen Spielen in Rom durch Nero. Einrichtung der Augustiani (5000 junge Ritter). Kapitulation von Tigranocerta vor Corbulo

60 Erhebung von Puteoli in den Rang einer Kolonie. Einrichtung der Neronia. Vollendung der Unterwerfung Armeniens durch Corbulo. Einsetzung von Tigranes, des Neffen von Tigranes IV., als armenischer König. Ablösung des Felix durch Festus in Judäa. Corbulo Statthalter von Syrien

61 Tod des Prasutagus, des Königs der Ikener in Britannien. Aufstand der Ikener unter seiner Witwe Boudicca und Aufstand der Trinovanten. Einfall Tigranes' V. in Adiabene. Unterstützung des Tiridates durch Vologaeses I. und Bedrohung Syriens durch die Parther. Waffenstillstandsabkommen zwischen Corbulo und Vologaeses

62 Tod des Burrus. Ernennung des Ofonius Tigellinus und des Faenius Rufus zu Prätorianerpräfekten. Sturz Senecas. Scheidung Neros von Octavia und Heirat mit Poppaea. Verbannung und Ermordung Octavias. Ankunft des Caesennius Paetus in Kappadokien mit dem Auftrag, Armenien für Rom zu annektieren. Kapitulation vor Vologaeses bei Rhandeia. Tod des Persius

64 Neuntägiger Brand in Rom. Verfolgung der Christen. Beginn der Bauarbeiten an dem Kanal zwischen Ostia und dem Averner See. Gesandtschaft nach Äthiopien zu Forschungszwecken. Gessius Florus bis 66 Prokurator in Judäa

64–65 Wiederaufbau Roms; »domus aurea«

65 Erneute Abhaltung der Neronia. Pisonische Verschwörung. Selbstmord Senecas und des Dichters Lucan. Verbannung des Stoikers Musonius Rufus. Ernennung des C. Nymphidius Sabinus zum Prätorianerpräfekten gemeinsam mit Tigellinus; im Amt bis 68. Tod der Poppaea Sabina

66 Tiridates in Rom von Nero zum König von Armenien gekrönt. Nero in Griechenland. Auf seinen Befehl Hinrichtung von Scribonius Rufus und Scribonius Proculus. Thrasea Paetus vom Senat auf Befehl Neros zum Tode verurteilt; Verbannung seines Schwiegersohns Helvidius Priscus. Proklamation der »Freiheit« für Griechenland durch Nero. Vi-

nicianische Verschwörung in Benevent. Heirat Neros mit Statilia Messalina. Schließung der Türen des Janustempels. Aufstand in ganz Palästina. Selbstmord des Petronius Arbiter. Die »Nerosäule« in Mainz

67 Auf Veranlassung Neros Beginn des Baus eines Kanals bei Korinth. Corbulo von Nero zum Selbstmord gezwungen. Ernennung Vespasians zum Legaten mit dem Auftrag, den Krieg in Judäa zu führen. Fall von Jotapata: (Flavius) Josephus ergibt sich Vespasian

68 Rückkehr Neros nach Italien. Tod Neros (6. Juni). Anerkennung Galbas als neuer Prinzeps durch Senat und Praetorianer. Ablösung des Nymphidius Sabinus durch Cornelius Laco und Ermordung durch die Prätorianer. Einzug Galbas in Rom. Der gegen Nero gerichtete Aufstand des C. Iulius Vindex in Gallien von Verginius Rufus bei Vesontio niedergeschlagen. Selbstmord des Vindex. Ablösung des Verginius Rufus in Germania Superior durch Hordeonius Flaccus. Auf die Nachricht vom Tode Neros hin setzt Vespasian militärische Operationen gegen Jerusalem aus

69 Verweigerung des Treueids für Galba durch zwei Legionen in Mainz (1. Januar): Ermordung Galbas und Ausrufung Othos zum Kaiser durch die Prätorianer (15. Januar). In Germania Inferior, später in Germania Superior und anderen Gebieten Ausrufung des A. Vitellius zum Kaiser durch das Heer. Vereinigung der Truppen des A. Caecina Alienus und Fabius Valens bei Cremona zur Unterstützung des Vitellius. Niederlage der Truppen Othos bei Bedriacum. Selbstmord Othos (16. April). Vitellius in Rom. Angriff der Daker auf Mösien von C. Licinius Mucianus zurückgeschlagen. Aufstand des Iulius Civilis am Rhein. Ermordung des Hordeonius. T. Flavius Vespasianus durch die Truppen in Alexandria, Judäa und Syrien zum Kaiser ausgerufen (1.–3. Juli). Anerkennung bei den Heeren an der Donau. Zerstörung Cremonas durch Vespasians Truppen unter M. Antonius Primus. Einnahme Roms durch Antonius. Tod des Vitellius (20. Dezember)

70 Ankunft des Mucianus in Rom (Januar), Eintreffen Vespa-

sians im Sommer. Verschwörung des Iulius Classicus, des Iulius Tutor und des Iulius Sabinus mit dem Ziel, ein »Imperium Galliarum« zu schaffen. Kämpfe des Petilius Cerialis und des Annius Gallus in Ober- und Niedergermanien. Civilis von Cerialis zur Unterwerfung gezwungen. Belagerung und Einnahme Jerusalems durch Titus. Grundsteinlegung für den wiederhergestellten Jupitertempel auf dem Kapitol, der 71 vollendet wird

71 Rückkehr des Titus aus dem Osten. Verleihung des *imperium proconsulare* an ihn und Teilhabe an der *tribunicia potestas* Vespasians. Schließung der Türen des Janustempels

72 Absetzung von Antiochos IV. von Kommagene. Armenia Minor Kappadokien angegliedert

73–74 Zensur von Vespasian und Titus. Römische Kämpfe in Obergermanien

74 Ausweisung der Astrologen und stoischen Philosophen aus Rom

75 Besuch des M. Iulius Agrippa II. und der Berenike in Rom. Einfall der Alanen in Medien und Armenien. Ausdehnung des römischen Pomeriums

76 Geburt Hadrians

78 Verschwörung des A. Caecina Alienus und des Eprius Marcellus. Cn. Iulius Agricola Statthalter in Britannien (bis 81)

79 Tod Vespasians (23. Juni). Konsekration. Thronbesteigung des Titus. Ausbruch des Vesuvs (24. August); Zerstörung von Pompeii und Herculaneum; Tod Plinius' des Älteren

80 Brand Roms. Zerstörung des Jupitertempels auf dem Kapitol. Einweihung des Kolosseums

81 Tod des Titus (13. September). Konsekration. Nachfolge durch Domitian

82 Weihung des wiederhergestellten Jupitertempels auf dem Kapitol

82–84 Verleihung des Munizipalstatus an Malaca und Salpensa in Spanien (inschriftlich erhalten)

83 Triumph Domitians über die Chatten. Ausbau des Limes

85 Annahme des Titels »Censor perpetuus« durch Domitian.

Sieg der Daker unter ihrem König Decebalus über den Legaten von Mösien

86 Einrichtung der Kapitolinischen Spiele. Erster Dakerfeldzug Domitians

87 Teilung der Provinz Moesia

88 Abhaltung der *ludi saeculares*. Römischer Sieg über die Daker bei Tapae (zweiter Dakerfeldzug)

89 Rückkehr Domitians nach Rom und Triumph. Edikt gegen die Astrologen und Philosophen. L. Antonius Saturninus in Moguntiacum zum Imperator akklamiert

90 Niederwerfung des Saturninus-Aufstands

92 Vollendung des Palastkomplexes auf dem Palatin. Feldzüge Domitians gegen Markomannen, Jazygen und Quaden

93 Tod des Agricola. Prozeß und Verurteilung des Baebius Massa

95 Ausweisung der Philosophen aus Italien. Hinrichtung von Flavius Clemens und Acilius Glabrio

96 Ermordung Domitians (18. September). Ausrufung des M. Cocceius Nerva zum Kaiser. Weihung des Forum Nervae

97 *Lex agraria* und Alimentationen für arme freigeborene Kinder. Aufstand der Prätorianer. Adoption des M. Ulpius Traianus durch Nerva

98 Tod Nervas (25. Januar). Nachfolge durch Trajan. Die *Germania* des Tacitus

99 Rückkehr Trajans als Kaiser aus seiner Provinz nach Rom

100 Gründung von Thamugadi in Numidien durch Trajan. Der *Panegyricus* Plinius' des Jüngeren

101–102 Erster Dakerfeldzug Trajans. Kapitulation des Decebalus (102)

105–106 Zweiter Dakerfeldzug Trajans

106 Einnahme von Sarmizegetusa in Dakien. Selbstmord des Decebalus. Dakien römische Provinz. Annexion von Arabia durch Rom

109 Mars-Ultor-Denkmal in Adam-klissi als Siegesmonument im Krieg gegen die Daker von Trajan geweiht

111 Plinius der Jüngere als Statthalter in Bithynien: Briefwechsel mit Trajan (bis 113)
112 Weihung des Forum Traiani (Januar)
114 Annexion von Armenien und Mesopotamien (Partherkrieg). Verleihung des Titels »Optimus Princeps« an Trajan
115 Einnahme von Ktesiphon. Jüdischer Aufstand in Kyrene
116 Ausweitung des jüdischen Aufstandes auf Ägypten und Zypern. Unruhen im Osten des römischen Reichs. Parthischer Angriff auf Mesopotamien
117 Tod Trajans (um den 9. August) in Selinus. Vorherige Adoption des P. Aelius Hadrianus, der die Nachfolge antritt. Geburt des Sophisten Aelius Aristides
118 Ankunft Hadrians in Rom (9. Juli)
120 Konsulat des T. Aurelius Fulvius Boionius Arrius Antoninus (= Antoninus Pius)
121–126 Erste Provinzreise Hadrians
121 Geburt von M. Aurelius (26. April)
122 Hadrian in Britannien. Beginn der Bauarbeiten am Hadrianswall
124 Hadrian in Kleinasien
124–125 Hadrian in Athen. Einweihung in die Eleusinischen Mysterien
128 Hadrian in Afrika
128–134 Zweite Provinzreise Hadrians in die östlichen Provinzen
129 Hadrian erneut in Athen. Geburt Galens in Pergamon
130 Gründung von Antinoopolis in Mittelägypten und Wiederaufbau Jerusalems als Aelia Capitolina
132–135 Jüdischer Aufstand unter Bar Kochba
134 Einfall der Alanen in parthisches Gebiet. Einweihung des Mausoleums von Hadrian (Engelsburg)
135 Niederschlagung des Bar-Kochba-Aufstands und Neuorganisation von Syria-Palaestina
136 Adoption von L. Ceionius Commodus (= L. Aelius Verus) durch Hadrian

138 Tod des L. Aelius Caesar (1. Januar). Adoption des T. Aurelius Fulvius Boionius Arrius Antoninus (= Antoninus Pius) als Mitregent durch Hadrian. Tod Hadrians (10. Juli) und Nachfolge des Antoninus Pius

139 Konsekration Hadrians

139–142 Kämpfe gegen die Briganten in Nordengland unter Lollius Urbicus

140 Erstes Konsulat von M. Aurelius

143 Konsulat der Erzieher Marc Aurels, L. Vibullius Hipparchus Ti. Claudius Atticus Herodes und M. Cornelius Fronto. Preisrede des Rhetors P. Aelius Aristides auf Rom

142–143 Bau des Antoninus-Walls in Nordengland

144–150 Unruhen in Mauretanien

145 Tempel des Divus Hadrianus geweiht. Heirat zwischen M. Aurelius und Faustina, der Tochter des Antoninus Pius

148 Neunhundertjahrfeier Roms. *Ludi saeculares*

152 Wiederherstellung des Friedens in Mauretania Caesariensis und Tingitana

150–160 Erweiterung des germanisch-rätischen Limes auf die Linie Miltenberg–Lorch

157–158 Militärisches Vorgehen gegen dakische Stämme

159 Teilung Dakiens in drei Provinzen

160 M. Aurelius und L. Aurelius Verus zu Konsuln designiert. Unterdrückung von Unruhen in Afrika

161 Tod des Antoninus Pius (7. März) und Nachfolge durch M. Aurelius. Verleihung des Augustus-Titels an L. Verus

162–166 Partherkrieg. Kriegserklärung der Parther und Einfall in Armenien. Entsendung von L. Verus in den Osten

163 Wiedereroberung von Armenien

164 Niederlage der Parther und Zerstörung von Seleukeia und Ktesiphon

165 Ausbreitung der Pest von Seleukeia nach Kleinasien, Ägypten und Italien bis an den Rhein

166 Römische Erfolge in Medien. Rückkehr des L. Verus nach Norditalien. Gemeinsamer Triumph von L. Verus und Marcus Aurelius (12. Oktober)

167 Pest in Rom. Ausbruch der Markomannenkriege (bis 180)

in Oberpannonien. Einfall von Markomannen und Quaden in Norditalien

168 Erfolge von Marcus Aurelius und L. Verus gegen Markomannen und Quaden

169 Tod des L. Verus (Januar). Fortsetzung des Krieges gegen die Germanen und Sarmaten (bis 175)

171–173 Einfall der Mauren in Spanien

172 Aufstand in Ägypten

174 Marcus Aurelius beginnt seine *Selbstbetrachtungen*

175 Aufstand des C. Avidius Cassius, des Statthalters von Syrien; nach drei Monaten Ermordung durch seine eigenen Soldaten (Juli). Aufbruch des Marcus Aurelius und seines Sohnes Commodus in den Osten

176 Rückkehr von Marcus Aurelius und Commodus nach Rom; gemeinsamer Triumph (23. Dezember)

177 Konsulat des Commodus und Verleihung des Titels »Augustus«. Römischer Sieg über die Mauren

178 Unruhen bei den Markomannen und anderen Donaustämmen. Aufbruch von Marcus Aurelius und Commodus nach dem Norden

180 Tod des Marcus Aurelius (17. März) in Vindobona und Nachfolge des Commodus. Befriedung der Daker, Quaden, Jazygen, Vandalen und Markomannen. Perennis Prätorianerpräfekt

182 Verschwörung der Schwester des Commodus, Lucilla. Hinrichtung von Lucilla und Crispina, der Frau des Commodus

185 Hinrichtung des Prätorianerpräfekten Perennis; Nachfolge durch Cleander

186 Unterdrückung einer Meuterei der Truppen in Britannien durch Pertinax

188 Römischer Sieg über einen Aufstand in Germanien

190 Sturz und Hinrichtung des Prätorianerpräfekten Cleander. Unterdrückung von Unruhen in Afrika durch Pertinax

192 Ermordung des Commodus (31. Dezember)

193 Pertinax zum Kaiser proklamiert (1. Januar); Ermordung durch die Prätorianer (28. März). M. Didius Iulianus zum

Kaiser proklamiert (13. April); Ermordung im Juni. Septimius Severus in Carnuntum und C. Pescennius Niger, Statthalter von Syrien, von den jeweiligen Heeren zum Kaiser proklamiert. D. Clodius Albinus, Statthalter von Britannien, von Septimius Severus zum Caesar ernannt. Marsch des Septimius Severus gegen Pescennius Niger. Belagerung von Byzantion

194 Niederlage des Pescennius Niger gegen Septimius Severus bei Issos und Tod in Antiocheia. Übergang des Septimius Severus über den Euphrat und Kämpfe gegen parthische Vasallenstaaten

196 Annahme des Augustus-Titels durch Clodius Albinus. Caracalla, der Sohn des Septimius Severus, zum Caesar ernannt. Marcus Aurelius von Septimius Severus als Vater beansprucht und Annahme seines Namens (Aurelius Antoninus) durch die Severer. Fall von Byzantion

197 Verleihung des Augustus-Titels an Caracalla. Niederlage des Clodius Albinus bei Lyon (19. Februar) und Selbstmord. Aufteilung Britanniens in zwei Provinzen. Rückkehr des Septimius Severus nach Rom (Juni). Wiederaufnahme des Feldzuges im Osten durch Septimius Severus (bis 199). Tertullians *Apologeticum*

199–200 Septimius Severus in Ägypten

202 Rückkehr des Septimius Severus nach Rom

203 Konsulat des C. Fulvius Plautianus und des P. Septimius Geta. Weihung des Severusbogens in Rom. Origenes Nachfolger von Clemens als Haupt der Katechetenschule in Alexandria. Die »Passio« der Perpetua

203–204 Septimius Severus in Afrika

204 Abhaltung der *ludi saeculares*

205 Konsulat Caracallas und Getas. Ermordung des Plautianus. Geburt Plotins in Ägypten

208 Aufbruch des Septimius Severus nach Britannien

208–211 Kämpfe in Britannien

211 Tod des Septimius Severus in York (Eburacum) am 4. Februar. Rückkehr Getas und Caracallas nach Rom

211–212 Gemeinsame Herrschaft Getas und Caracallas

212 Ermordung Getas durch Caracalla (Februar). Caracalla Alleinherrscher. Die *constitutio Antoniniana*. Thronbesteigung des Artabanos V.
213 Erfolge Caracallas gegen die Alamannen
214 Edessa wird römische Kolonie
215 Überwinterung Caracallas in Antiocheia und anschließend Zug zu den östlichen Grenzen Adiabenes
216 Geburt Manis
217 Ermordung Caracallas in der Nähe von Karrhai (8. April). M. Opellius Macrinus, Gardepräfekt, läßt sich zum Kaiser ausrufen. Niederlage des Macrinus gegen die Parther bei Nisibis
218 Friedensschluß mit den Persern. Ausrufung des Varius Avitus Bassianus (Elagabal) zum Kaiser auf Veranlassung von Iulia Maesa, Iulia Mamaea und Iulia Soaemias. Niederlage und Tod des Macrinus. Elagabal in Nikomedien
219 Ankunft Elagabals in Rom (Spätsommer)
220 Konsulat Elagabals und des P. Valerius Comazon Eutychianus
222 Adoption des Alexianus, des Vetters Elagabals, als Caesar unter dem Namen M. Aurelius Severus Alexander. Ermordung Elagabals und seiner Mutter, Iulia Soaemias; Severus Alexander wird Kaiser (13. März)
223 Ermordung des Prätorianerpräfekten und Juristen Ulpianus durch seine Soldaten
226 Krönung Ardaschirs I. zum König der Könige im Iran
229 Konsulat von Severus Alexander und Cassius Dio
230 Einfall der Perser in Mesopotamien und Belagerung von Nisibis
231 Aufbruch des Severus Alexander in den Osten (Frühjahr)
232 Scheitern der römischen Offensive gegen Persien. Origenes, aus Alexandria verbannt, läßt sich in Kaisareia nieder
233 Rückkehr des Severus Alexander nach Rom
234 Feldzug des Severus Alexander gegen die Alamannen. Ausrufung des Thrakers Maximinus zum Kaiser durch die Soldaten in Pannonien
235 Ermordung von Severus Alexander und Iulia Mamaea in

Mainz (Mitte März). Bestätigung des C. Iulius Verus Maximinus als Kaiser durch den Senat in Rom. Erfolge gegen die Alamannen. Verschärfung der Maßnahmen gegen die Christen

236 Feldzüge gegen die Sarmaten und Daker

238 Gordianus I. und Gordianus II. als Gegenkaiser vom Senat anerkannt. Nach ihrem Tod Erhebung von D. Caelius Calvinus Balbinus und M. Clodius Pupienus Maximus zu Kaisern und Ermordung durch die Prätorianer. Ermordung von Maximinus Thrax durch seine Soldaten. Erhebung Gordians III. zum Kaiser durch die Prätorianer (9. Juli). Angriffe der Goten über die Donau hinweg und der Karpen. M. Tullius Menophilus Statthalter in Moesia Inferior bis 241

240 Mani beginnt, in Persien zu predigen. Schapur I. Nachfolger Ardaschirs I. auf dem persischen Thron

242 Feldzug gegen die Perser auf Veranlassung des Prätorianerpräfekten Timesitheus

243 Erfolge des Timesitheus gegen die Perser

244 Ermordung Gordians III. bei Zaitha in Mesopotamien. Anerkennung von Philippus Arabs als Kaiser. Friedensschluß zwischen Philippus und den Persern. Eintreffen von Philippus in Rom. Geburt Diocletians (22. Dezember)

245 Kriege an der Donaugrenze (bis 247)

247 Verleihung des Augustus-Titels an den Sohn von Philippus Arabs, Philippus. Tausendjahrfeier in Rom

248 Einfall der Goten in Mösien. Wiederherstellung der Ordnung in Mösien und Pannonien durch Decius. Origenes' Werk *Contra Celsum*

249 C. Messius Q. Traianus Decius wird von seinen Truppen zum Kaiser proklamiert (Juni). Tod des Philippus Arabs und seines Sohnes bei Verona im Kampf gegen Decius (September). Erneute Angriffe der Goten. Verfolgung der Christen durch Decius bis 251

250 Einfälle der Karpen und Goten. Niederlage des Decius in Makedonien

251 Ernennung der beiden Söhne des Decius zu Augusti (Mai).

Niederlage und Tod des Decius und seines Sohnes Herennius Etruscus an der Donau. Trebonianus Gallus mit Hostilianus, dem zweiten Sohn des Decius, zu Kaisern proklamiert. Tod des Hostilianus. Volusianus, Sohn des Trebonianus Gallus, zum Kaiser proklamiert. Cyprians Werke *De Lapsis* und *De catholicae ecclesiae unitate*

252 Einfälle der Goten und anderer Barbaren in die europäischen Provinzen des Römischen Reichs. Vertreibung des Tiridates vom armenischen Thron durch die Perser, die in der Folge Mesopotamien angreifen

253 Aemilianus, Statthalter von Mösien, zum Kaiser proklamiert. Zug nach Rom. Ermordung des Trebonianus Gallus durch seine eigenen Truppen. Nach der Proklamation des Valerianus zum Kaiser durch die Legionen am Rhein Ermordung Aemilians durch seine eigenen Truppen. Ankunft Valerians in Rom und Ernennung seines Sohnes Gallienus zum zweiten Augustus durch den Senat. Erster Feldzug der Goten jenseits des Meeres in Kleinasien. Tod des Origenes in Tyros

254 Die Markomannen überrennen Pannonien und verwüsten römisches Gebiet bis Ravenna. Verwüstung Thrakiens durch die Goten. Einnahme von Nisibis durch Schapur I.

256 Gotischer Feldzug über das Meer nach Kleinasien

257 Durch Valerian erneut Christenverfolgung in Gang gesetzt. Wiederaufnahme der persischen Invasion

258 Martyrium Cyprians. Sieg des Gallienus über die Alamannen (oder 259)

259 Dionysios I. Bischof von Rom

260 Gefangennahme Valerians durch Schapur I. (oder 259?). Auf Veranlassung des Gallienus Ende der Christenverfolgung. Proklamation von Macrianus und Quietus zu Kaisern durch die Truppen im Osten; Postumus in Gallien zum Kaiser proklamiert. Aufstände des Ingenuus und Regalianus in Pannonien (oder 258?)

261 Tod des Macrianus im Kampf gegen Aureolus. Hinrichtung des Quietus in Emesa

262 Erfolge des Odainathos von Palmyra im Kampf gegen die

Perser unter Schapur I. Weihung des Triumphbogens für Gallienus

267 Einfall der Goten in Kleinasien. Ermordung des Odainathos von Palmyra; Machtergreifung seiner Witwe Zenobia im Namen ihres minderjährigen Sohns Vaballathos

268 Invasion der Goten zu Wasser und zu Lande in Thrakien, Griechenland und den anliegenden Gebieten. Niederlage gegen Gallienus bei Naissos in Mösien. Usurpation des Aureolus und Belagerung durch Gallienus in Mailand. Ermordung des Gallienus bei Mailand (August). M. Aurelius Valerius Claudius (Gothicus) zum Kaiser proklamiert. Hinrichtung des Aureolus. Auf der Synode von Antiocheia Paulus von Samosata zum Ketzer erklärt

268/269 Ermordung des Postumus. Victorinus neuer Herrscher des gallischen Sonderreichs

269 Römische Erfolge gegen die Goten

270 Tod des Claudius Gothicus durch die Pest in Sirmium in Pannonien (Januar). Wahl seines Bruders Quintillus zum Kaiser durch den Senat. Erfolgreiche Usurpation des Aurelianus. Erfolge Aurelians gegen die Juthungen. Einnahme Alexandrias durch palmyrenische Truppen. Tetricus Herrscher des gallischen Sonderreichs. Tod Plotins

271 Bau neuer Mauern um Rom durch Aurelian. Organisierte römische Einwanderung aus Dakien in das Gebiet südlich der Donau. Offensive Aurelians gegen Zenobia

272 (?) Tod Schapurs I. und Nachfolge durch Hormizd I.

273 Zerschlagung des Reichs von Palmyra durch Aurelian. Tod von Hormizd I. und Nachfolge durch Bahram I.

274 Ende des gallischen Sonderreichs durch den Übergang von Tetricus zu Aurelian. Triumph Aurelians in Rom und Durchführung einer Münzreform. Einrichtung des Staatskultes und Bau eines Tempels für Sol Invictus

275 Ermordung Aurelians in Thrakien. M. Claudius Tacitus zum Kaiser proklamiert (September)

276 Ermordung des Tacitus in Tyana durch seine Soldaten. Übernahme der Macht durch seinen Halbbruder M. Anius

Florianus, der nach zwei Monaten ebenfalls von seinen Soldaten ermordet wird, nachdem M. Aurelius Probus zum Kaiser ausgerufen worden ist. Thronbesteigung des persischen Königs Bahram II.

277 Befreiung Galliens von Germanen und Goten durch Probus

278 Probus in Kleinasien mit dem Ziel, das Gebiet zu befrieden

282 Ermordung des Probus und Nachfolge durch M. Aurelius Carus (Frühherbst)

283 Tod des Carus in der Nähe von Ktesiphon; Übernahme der Herrschaft durch seine Söhne Carinus im Westen, Numerianus im Osten des Reichs. Friedensschluß zwischen Rom und Bahram II. Die *Cynegetica* des M. Aurelius Olympius Nemesianus

284 Ermordung des Numerianus in Perinthos und Nachfolge durch Diocles (später Diocletianus) am 20. November

285 Schlacht zwischen Diocles und Carinus bei Margus (Mösien); Ermordung des Carinus durch einen seiner eigenen Offiziere. Annahme des Namens Diocletianus durch Diocles

286 Verleihung des Augustus-Titels an Maximian nach dessen Sieg über die Bagauden

286–287 Aufstand des Carausius und Gründung des britischen Sonderreichs (bis 296)

288 Abkommen Diocletians mit Bahram II.; Einsetzung von Tiridates III. als König von Armenien. Unterdrückung eines Aufstandes in Ägypten durch Diocletian

289 Kämpfe Diocletians gegen die Sarmaten. Niederlage Maximians gegen Carausius

292 Erneute Kämpfe Diocletians gegen die Sarmaten

293 Tetrarchie: Ernennung von Constantius und Galerius zu Caesaren für den Westteil bzw. Ostteil des Reichs. Einnahme von Boulogne durch Constantius im Kampf gegen Carausius. Ermordung des Carausius durch Allectus, der die Herrschaft in Britannien übernimmt. Tod Bahrams II. Ablösung seines Nachfolgers Bahram III. durch Narses I.

296 Niederlage des Allectus im Kampf gegen Constantius und Wiedergewinnung Britanniens für Rom. Abkommen zwischen Galerius und Narses I.

297 Edikt Diocletians gegen die Manichäer (31. März). Aufstand des Domitius Domitianus in Ägypten. Krieg des Galerius gegen Persien

298 Diocletian in Ägypten

301 Höchstpreisedikt und Münzreform Diocletians

302 Tod Narses' I. und Nachfolge durch Hormizd II.

303 Feier der Vizennalien Diocletians in Rom (20. November). Beginn der Christenverfolgung in Nikomedien

305 Abdankung von Diocletian und Maximian. Nachfolger als Augusti Constantius und Galerius. Ernennung von Severus und Maximinus Daia zu Caesaren für den West- bzw. Ostteil des Reichs

306 Tod des Constantius in York (25. Juli). Proklamation seines Sohns Constantin zum Kaiser im Westteil des Reichs durch die Truppen des Constantius. Proklamation des Maxentius zum Kaiser in Rom. Unterstützung des Maxentius durch seinen Vater Maximian. Einfall des Severus in Italien

307 Heirat zwischen Constantin und der Tochter Maximians, Fausta. Anerkennung des Maxentius als Kaiser durch Constantin. Niederlage und Tod des Severus. Galerius in Italien, dann jedoch Rückzug nach Pannonien

308 Kaiserkonferenz (Diocletian, Galerius, Maximian) in Carnuntum (oder 307): Ernennung des Licinius zum Kaiser und Anerkennung Constantins als Caesar für den Westteil des Reichs; Ablehnung der Ansprüche des Maxentius

309 Tod von Hormizd II.

310 Versuch Maximians, zum drittenmal Augustus im Westen zu werden; Auslieferung an Constantin und Tod in Massilia. Märtyrertod des Pamphilos

311 Toleranzedikt des Galerius für die Christen (30. April) in Nikomedien. Tod des Galerius. Erneute Christenverfolgung (Oktober bis November). Unterdrückung eines Aufstandes in Afrika unter Domitius Alexander (seit 309).

Martyrium des Bischofs von Alexandria, Petrus. Miltiades Bischof von Rom

312 Sieg Constantins über Maxentius an der Milvischen Brücke (28. Oktober). Tod des Maxentius

313 Zusammenkunft von Constantin und Licinius in Mailand; Beschluß, das Römische Reich aufzuteilen. Sieg des Licinius über Maximinus Daia bei Tzirallum (1. Mai). Gewährung der Religionsfreiheit durch Licinius in Nikomedien (Juni). Tod des Maximinus Daia in Tarsos. Verurteilung der Donatisten durch die Synode von Rom

314 Synode von Arles

314–315 Erfolge Constantins in Kämpfen gegen Licinius

315 Errichtung des Constantinbogens in Rom

316 Constantin entscheidet gegen die Donatisten (November)

317 Constantins Söhne Crispus und Constantinus und der Sohn des Licinius, Licinianus, erhalten die Caesarwürde

320 Beginn der Repressionsmaßnahmen des Licinius gegen die Christen

321 Gewährung der Glaubensfreiheit für die Donatisten durch Constantin (5. Mai)

324 Ausbruch des Krieges zwischen Constantin und Licinius. Sieg Constantins bei Chrysopolis (18. September). Verbannung des Licinius nach Thessalonike. Beginn des Umbaus von Byzantion in Constantinopolis, der neuen Hauptstadt Constantins (November)

325 Hinrichtung des Licinius. Erste Reichssynode in Nikaia

Im folgenden werden nur noch einige besonders herausragende Ereignisse aufgeführt:

330 Konstantinopel wird kaiserliche Residenz

337 Tod Constantins. Aufteilung des Reichs unter seine drei Söhne. Krieg mit den Persern

337–340 Constantinus II. Kaiser des Westteils

337–350 Constans Kaiser in Italien, ab 340 des ganzen Westens

337–361 Constantius II. Kaiser des Ostteils, ab 351 des Gesamtreichs

340 Sieg des Constans über Constantin II. und Übernahme der Herrschaft im Westen
343/344 Konzil von Serdica
350 Aufstand des Magnentius gegen Constans. Ermordung des Constans. Erhebung des Vetranio in Illyrien und des Nepotianus in Rom
351 Niederlage des Magnentius gegen Constantius II. bei Nursa. Constantius II. bis 366 Alleinherrscher
355 Julian von Constantius II. zum Caesar ernannt
357 Sieg Julians über die Alamannen bei Straßburg (Argentoratum)
360 Proklamation Julians zum Augustus
361 Tod des Constantius II. Herrschaft Julians bis 363
363 Perserfeldzug Julians. Tod auf dem Rückmarsch. Jovian zum Kaiser proklamiert. Friedensvertrag zwischen Jovian und Schapur II.
364 Tod Jovians
364–375 Valentinian I. Kaiser von Westrom
364–378 Valens, Bruder Valentinians, Kaiser von Ostrom
367 Ernennung Gratians, des Sohns von Valentinian, zum dritten Augustus. Angriffe der Sachsen, Pikten und Skoten auf Britannien. Wiederherstellung geordneter Verhältnisse durch den *comes* Theodosius
374–397 Ambrosius Bischof von Mailand
375 Tod Valentinians I. Gratian Kaiser in Gallien; sein Bruder Valentinian II. Kaiser in Italien
376 Die Hunnen treiben die Westgoten über die Donau
378 Niederlage und Tod des Valens in der Schlacht bei Adrianopel gegen die Westgoten
378–395 Theodosius I. (der Große) Nachfolger des Valens im Ostreich
381 Konzil von Konstantinopel
um 382 Ansiedlung der Westgoten in Mösien als *foederati*
382 Entfernung des Victoria-Altars aus dem Senatsgebäude in Rom
383 Aufstand des Usurpators Maximus in Britannien. Tod

Gratians. Verurteilung und Hinrichtung der Priscillianisten durch Maximus auf kirchliches Betreiben (erste Ketzerhinrichtung)

384 Streit um die Wiedererrichtung des Victoria-Altars zwischen Ambrosius von Mailand und dem römischen Senator Symmachus

388 Niederlage und Tod des Maximus im Kampf gegen Theodosius I. Valentinian II. Herrscher in Gallien unter Leitung des Franken Arbogast

390 Grausame Bestrafung eines Aufstandes in Thessalonike durch Theodosius I., den Ambrosius von Mailand zu öffentlicher Buße zwingt

392 Aufstand des Arbogast und Tod Valentinians II. Erhebung des Eugenius zum Kaiser in Westrom durch Arbogast

394 Niederlage und Tod von Arbogast und Eugenius im Kampf gegen Theodosius I. in der Schlacht am Frigidus

395 Tod Theodosius' I. Teilung des Reichs: Arcadius Kaiser im Osten (bis 408), Honorius Kaiser im Westen (bis 423). Stilicho Heermeister im Westen. Aufstand der Westgoten unter Alarich. Augustinus Mitbischof in Hippo

396 Sieg Stilichos über die Westgoten in Griechenland

402 Verlegung der Hauptstadt des Westreichs Mailand nach Ravenna

400–412 Kampf Augustins gegen die Donatisten

403 Sieg über Alarich, der zum Heermeister in Illyrien ernannt wird

405 Sieg Stilichos über die Ostgoten bei Faesulae

406 Einfall von Vandalen, Alanen und Sueben in Gallien

408 Ermordung Stilichos. Einfall Alarichs in Italien. Tod des Arcadius und Nachfolge durch Theodosius II. (bis 450)

410 Einnahme Roms durch Alarich (23. August). Tod Alarichs und Nachfolge durch Athaulf als König der Westgoten

413 Sieg des Heermeisters Flavius Constantius über den Usurpator Constantin III.

415 Wallia König der Westgoten

417 Heirat zwischen Flavius Constantius und Galla Placidia

418–507 Tolosanisches Westgotenreich in der römischen Provinz Aquitania
418 Theoderich I. König der Westgoten (bis 451)
421 Flavius Constantius im Westen Mitkaiser als Constantius III.
425 Valentinian Kaiser im Westen
429 Vandaleneinfall in Afrika unter dem König Geiserich (428–477); Gründung des Vandalenreiches in Afrika (534 durch Belisar zerstört)
430 Tod Augustins
431 Konzil von Ephesos
438 Veröffentlichung des Codex Theodosianus
439 Einnahme von Karthago durch die Vandalen
440–461 Papst Leo I.
450 Markianos Kaiser im Osten (bis 457)
451 Sieg des Heermeisters Aëtius im Bunde mit den Westgoten über die Hunnen unter Attila in der Schlacht auf den Katalaunischen Feldern. Konzil von Chalkedon
452 Theoderich II. König der Westgoten (bis 466)
453 Tod Attilas. Ansiedlung der Ostgoten in Pannonien
454 Ermordung des Aëtius
455 Bürgerkrieg unter den Kaisern im Westen. Petronius Maximus setzt sich durch (bis 476). Plünderung Roms durch die Vandalen unter Geiserich
456 Sturz des Usurpators Avitus durch den suebischen Heermeister Ricimer, der in der Folgezeit die Nachfolge auf dem Thron des Westreiches bestimmt
457 Maiorian Kaiser im Westen (bis 461)
457 Leo I. Kaiser im Osten (bis 474)
461 Livius Severus Kaiser im Westen (bis 465)
466 Eurich König der Westgoten (bis 484)
467 Anthemius Kaiser im Westen (bis 472)
472 Olybrius Kaiser im Westen (Tod 472). Tod Ricimers
473 Glycerius Kaiser im Westen. Nepos von Leo I. eingesetzter Gegenkaiser
474 Der östliche Heermeister Zenon setzt sich in Thronstreitigkeiten im Ostreich durch (Kaiser 474–475 und 476–491)

475 Vertreibung des westlichen Kaisers Nepos durch den Heermeister Orestes, der seinen eigenen Sohn Romulus (»Augustulus«) zum Kaiser im Westen erhebt
476 Absetzung des Romulus und Erhebung des Odoaker zum König in Italien. Zenon Kaiser von Ost- und Westrom
493 Gründung des Ostgotenreichs in Italien (552 von Narses zerstört) unter Theoderich dem Großen

Paperbacks zur antiken Kulturgeschichte

Jérôme Carcopino, *Rom. Leben und Kultur in der Kaiserzeit.* 3. Aufl., Vorwort R. Bloch. Hrsg. von E. Pack. 512 S.

John Chadwick, *Die mykenische Welt.* Übers. von I. v. Steuben. 270 S.

Gilbert und Colette Charles-Picard, *Karthago. Leben und Kultur.* Übers. von I. Miller. 295 S.

Paul-Marie Duval, *Gallien. Leben und Kultur in römischer Zeit.* Übers. von C. H. Steckner. 400 S.

Robert Étienne, *Pompeji. Das Leben in einer antiken Stadt.* 3. Aufl. Übers. von I. Rauthe-Welsch. 463 S.

Paul Faure, *Die griechische Welt im Zeitalter der Kolonisation.* Übers. von E. Pack. 410 S.

Paul Faure, *Kreta. Das Leben im Reich des Minos.* 2. Aufl. Übers. von I. und K. Fr. Eisen. 476 S.

Robert Flacelière, *Griechenland. Leben und Kultur in klassischer Zeit.* 2. Aufl. Übers. und hrsg. von E. Pack. 479 S.

Adalbert Hamman, *Die ersten Christen.* Übers. von K. Schmidt. 285 S.

Jacques Heurgon, *Die Etrusker.* 3. Aufl. Übers. von I. Rauthe-Welsch. 448 S.

J. T. Hooker, *Sparta. Geschichte und Kultur.* Übers. von E. Bayer. 320 S.

Pierre Montet, *Ägypten. Leben und Kultur in der Ramses-Zeit.* 2. Aufl. Hrsg. von R. Scheer. 453 S.

Pierre Riché, *Die Welt der Karolinger.* Übers. und hrsg. von C. und U. Dirlmeier. 392 S.

Konrad Spindler, *Die frühen Kelten.* 447 S.

Charles-Marie Ternes, *Die Römer an Rhein und Mosel. Geschichte und Kultur.* 2. Aufl. Übers. von D. Basrai. 351 S.

Charles-Marie Ternes, *Römisches Deutschland. Aspekte seiner Geschichte und Kultur.* Vorwort R. Chevallier. 418 S.

Philipp Reclam jun. Stuttgart

Reclams Lexikon der antiken Mythologie

Von Edward Tripp. Aus dem Englischen übersetzt von Rainer Rauthe. 560 Seiten. 72 Abb. 5 Karten. Format 15 × 21,5 cm. Gebunden

Ein Nachschlagewerk, das in 2200 Stichworten über den gesamten Bereich der griechischen und römischen Mythologie informiert. Es ist streng nach den antiken Quellen erarbeitet und behandelt Götter, Heroen und andere Gestalten des Mythos, stellt die geographischen Schauplätze der Ereignisse, aber auch Kultorte und Kulte vor und erklärt die Sternbilder sowie himmlische, irdische und unterirdische Erscheinungen – dies alles mit einem Höchstmaß an Vollständigkeit und Anschaulichkeit. Die Bebilderung vermittelt darüber hinaus einen Eindruck von der visuellen Kraft und Lebendigkeit antiker Mythen.

»Ein Lexikon dieser allgemeinverständlichen und in erster Linie orientierenden Art gehört zu den Gebrauchsbüchern, die für das immer wieder nötige Nachschlagen, aber auch für eine kontinuierliche Lektüre unerläßlich sind.«

Joachim Günther im *Tagesspiegel*, Berlin

»Angesiedelt in der Mitte zwischen Nachschlagewerk und Lesebuch, zugeschnitten auf die Interessen eines nichtspezialisierten Benutzers, mit zutreffenden Bildbeigaben versehen und durch Karten übersichtlich ergänzt, so präsentiert sich Tripps Lexikon als handlicher, brauchbarer Band.«

Die Zeit, Hamburg

Philipp Reclam jun. Stuttgart

Römische Literatur

IN RECLAMS UNIVERSAL-BIBLIOTHEK

Geschichtsschreibung

Augustus, *Res gestae / Tatenbericht.* Lat./griech./dt. (M. Giebel) 9773 [2]

Caesar, *De bello Gallico / Der Gallische Krieg.* Lat./dt. (M. Deißmann) 9960 [8] – *Der Bürgerkrieg.* (M. Deißmann-Merten) 1090 [3] – *Der Gallische Krieg.* (M. Deißmann) 1012 [4]

Livius, *Ab urbe condita. Liber I / Römische Geschichte. 1. Buch.* Lat./dt. (R. Feger) 2031 [3] – *Ab urbe condita. Liber II / Römische Geschichte. 2. Buch.* Lat./dt. (M. Giebel) 2032 [3] – *Ab urbe condita. Liber III / Römische Geschichte. 3. Buch.* Lat./dt. (M. Fladerer) 2033 [3] – *Römische Geschichte. Der Zweite Punische Krieg.* (W. Sontheimer) I. Teil. 21.–22. Buch. 2109 [2] – II. Teil. 23.–25. Buch. 2111 [2] – III. Teil. 26.–30. Buch. 2113 [3]

Nepos, *Atticus.* Lat./dt. (R. Feger) 994

Sallust, *Bellum Iugurthinum / Der Krieg mit Jugurtha.* Lat./dt. (K. Büchner) 948 [3] – *De coniuratione Catilinae / Die Verschwörung des Catilina.* Lat./dt. (K. Büchner) 9428 [2] – *Historiae / Zeitgeschichte.* Lat./dt. (O. Leggewie) 9796 – *Die Verschwörung des Catilina.* (K. Büchner) 889 – *Zwei politische Briefe an Caesar.* Lat./dt. (K. Büchner) 7436

Sueton, *Augustus.* Lat./dt. (D. Schmitz) 6693 [3] – *Nero.* Lat./dt. (M. Giebel) 6692 [2]

Tacitus, *Agricola.* Lat./dt. (R. Feger) 836 [2] – *Annalen I–VI.* (W. Sontheimer) 2457 [4] – *Annalen XI–XVI.* (W. Sontheimer) 2642 [4] – *Dialogus de oratoribus / Dialog über die Redner.* Lat./dt. (H. Gugel / D. Klose) 7700 [2] – *Germania.* (M. Fuhrmann) 726 – *Germania.* Lat./dt. (M. Fuhrmann) 9391 [2] – *Historien.* Lat./dt. 8 Abb. u. 6 Ktn. (H. Vretska) 2721 [8] (auch geb.)

Velleius Paterculus, *Historia Romana / Römische Geschichte.* Lat./dt. (M. Giebel) 8566 [5]

Die Namen in Klammern geben die Übersetzer bzw. Herausgeber an.

Philipp Reclam jun. Stuttgart